香海文化

為促進世界和平，大師曾與西藏佛教各領袖開多次會議，交換意見；一九九七年與天主教教宗若望保祿二世晤談；二〇〇〇年獲頒「國家公益獎」，並於二〇〇〇年世界佛教徒友誼會中，由泰國總理乃川先生頒贈「佛教最佳貢獻獎」，表彰大師對世界佛教的成就；二〇〇二年獲總統頒發「十大傑出教育事業家獎」，二〇〇五年獲「總統文化獎—菩提獎」，肯定大師對國家、社會及佛教的貢獻。

大師對佛教制度化、現代化、人間化、國際化的發展，可說厥功至偉！

大師六十餘年的修行體驗淬鍊出的慈悲與智慧，以深入淺出的說理、應機幽默的譬喻，將深奧、抽象的佛法通俗化、生活化、活潑化，為社會大眾開啓生命的答案，提供生活安頓的妙方。

大師的一天，從簡單的早齋及人間福報開始。

大師教化宏廣，計有來自世界各地之出家弟子千餘人，全球信眾則達百萬之多；一生弘揚人間佛教，倡導「地球人」思想，對歡喜與融和、同體與共生、尊重與包容、平等與和平等理念多所發揚。一九八七年相繼成立育幼院、佛光精舍、慈悲基金會，設立雲水醫院、佛光診所，協助高雄縣政府開辦老人公寓，並與福慧基金會於大陸設立佛光中、小學和佛光醫院數十所，育幼養老、扶弱濟貧。一九九一年成立國際佛光會，被推為世界總會會長，於五大洲成立一百七十三個國家協會，成為全球華人最大的社團，實踐「佛光普照三千界，法水長流五大洲」的理想。二〇〇三年，通過聯合國的審查肯定，正式加入「聯合國非政府組織」(NGO)。

大師除屢獲國家各級政府（內政、外交、國防、教育等）頒獎表揚外，國際上亦德風遠播，舉其犖犖大者如：一九七八年榮膺美國東方大學榮譽博士學位；一九九五年獲全印度佛教大會頒發「佛寶獎」；一九九八年獲美國西來大學榮譽博士學位，二〇〇三年獲泰國朱拉隆功大學及智利聖多瑪斯大學頒榮譽博士學位；二〇〇四年獲韓國東國大學及泰國瑪古德大學頒贈榮譽博士學位，二〇〇五獲澳洲葛雷菲斯大學頒贈榮譽博士學位。

大師於日本本栖寺

一九五七年創辦佛教文化服務處，後改為佛光出版社。一九七六年《佛光學報》創刊，翌年成立「佛光大藏經編修委員會」編纂《佛光大藏經》、《佛光大辭典》。一九九七年出版《中國佛教白話經典寶藏》、佛光大辭典光碟版，並設立人間衛視電視台，同時成立香海文化、如是我聞等出版公司且於台中協辦「全國廣播電台」。

二〇〇〇年創辦佛教第一份日報《人間福報》，二〇〇一年將發行三十餘年的《覺世》與《普門》雜誌轉型為《普門學報》論文雙月刊；同時成立「法藏文庫」，收錄有關佛學之兩岸碩、博士論文及世界各地漢文論文，輯成《中國佛教學術論典》、《中國佛教文化論叢》等。

大師著作等身，撰有《釋迦牟尼佛傳》、《星雲大師講演集》、《佛教叢書》、《佛光教科書》、《往事百語》、《佛光祈願文》、《迷悟之間》、《當代人心思潮》、《人間佛教系列》、《人間佛教語錄》等，並翻譯成英、日、德、法、西、韓、泰、葡等十餘種語言，流通世界各地。

星雲大師略傳

江蘇江都人，一九二七年生，十二歲於南京禮志開上人出家。曾參學金山、焦山、棲霞、天寧、寶華等禪淨律學諸大叢林。

一九四九年來臺，主編《人生》雜誌、《覺世》等刊物。一九五二年起於宜蘭雷音寺成立念佛會、青年會、兒童星期學校、弘法團等，奠定爾後弘法事業基礎。

一九六七年創建佛光山，以人間佛教為宗風，樹立「以文化弘揚佛法，以教育培養人才，以慈善福利社會，以共修淨化人心」為宗旨，致力推動佛教教育、文化、慈善、弘法事業。先後在世界各地創建二百餘所道場，並創辦九所美術館、廿六所圖書館、出版社、十二所書局、五十餘所中華學校、十六所佛教叢林學院，暨智光、普門、均頭等完全中、小學，美國西來、台灣佛光、南華等大學。

一九九八年二月
大師於印度靈鷲山

佛光與教團

佛光篇

人間佛教系列 1

星雲大師◎著

【總序】人間佛教正法久住

星雲

我們生活在人間，人間有男女老少，人間有五欲六塵，人間有生老病死，人間有悲歡離合。在缺憾的世間裡，我們如何獲得歡喜自在？如何發揮生命的價值？如何擁有安樂的生活？這是我們要探討的課題。

佛陀降誕人間，示教利喜，為人間開啓了光明與希望：佛陀依五乘佛法，建立了「五戒十善」、「中道緣起」、「因緣果報」、「四無量心」、「六度四攝」等人間佛教的基本思想。

為了適應時代的發展，我們創辦文化、教育、慈善等事業，提出「傳統與現代融和」、「僧眾與信眾共有」、「修持與慧解並重」、「佛教與藝文合一」等弘法方向。多年來，以「佛法為體、世學為用」作為宗旨，人間佛教漸漸蔚然有成，欣見大家高舉人間佛教的旗幟，紛紛走出山林，投入社會公益，實踐佛教慈悲利他的本懷。

二〇〇四年，我在香港和台北作例行的年度「佛學講座」，三天的講題分別為「佛教的生命學」、「佛教的生死學」、「佛教的生活學」。我言：生命為「體」，作為本體的生命，是不增不減、永恆存在、絕對、無限、真常的；生死為「相」，每個生命所顯露的現象，是有生有滅、變化無常、相對、有限、非常的；生活是「用」，生命從生到死，其中的食衣住行、言行舉止、身心活動等等，無一不是生命的作用。因此，體、相、用，三者密不可分。我們既來到世間生活，就有生命，有生命就有生死，三者是一體的，其關係極為密切。因此，整個人間佛教可以說就是「生命學」、「生死學」、「生活學」。

今後，我預定在世界各地講演〈人間佛教的戒、定、慧三學〉。所謂戒定慧，有謂由戒生定，由定發慧，由慧趣入解脫，是學佛的次第；在人間生活，更需要斷除煩惱才能獲得究竟的妙智，才能自在悠遊於人間！

一九四九年，我從中國大陸來到台灣之後，為了適應廣大民眾的需求，毅然採取面對面的講說弘法。從宜蘭鄉村的弘法，到城市各處的聚會；從監獄的開示，到工廠的布教。一九七五年，在台北國立藝術館舉行佛學講座，首開在國家會堂講演佛學之風。接下來，我弘法的腳步，由北至南，由西至東，從學校到軍營，從國內到國外。近二十年來，隨著弘法的國際化，我更是終年在世界各地雲水行腳，奔波結緣。

講演的對象，有一般男女老少的信眾，也有大專青年、企業界精英、教師、警察等特定對象。講說的內容更是包羅萬象，經典方面有《六祖壇經》、《金剛經》、《維摩詰經》、《法華經》等，也講說佛教的義理、特質與現代生活的種種關係，以及佛教對社會、政治、倫理、經濟、心理、民俗、命運、神通、知見、因緣、輪迴、死亡、涅槃等各種問題的看法。

三十年前，佛光山的弟子們將我歷年來講演的內容，陸續結集成書，並定名為《星雲大師講演集》，共有四冊，二十多年來不知再版了多少次！許多讀者將此套書視為認識佛教、研究佛學必讀之書，也有不少出家、在家弟子，以此演講集作為講經說法的教材。

這套講演集已缺書好一段時間，不時有人頻頻詢問、催促再版。我重新翻閱，覺得此套演講集講說時隔近三十年，撫今追昔，雖然佛法真理不變，人心善美依然；環境變遷有之，人事遞嬗有之。因此，決定將此書全新改版，不以演講方式呈現，去除與現今社會略微差異之處，重新校正、修訂、增刪，並依內容性質，分類為〈佛光與教團〉、〈佛教與生活〉、〈佛法與義理〉、〈人生與社會〉、〈禪學與淨土〉、〈緣起與還滅〉、〈宗教與體驗〉、〈學佛與求法〉、〈人間與實踐〉、〈佛教與青年〉十冊，總字數一百餘萬字，因內容多與人生有關，故取名為《人間佛教系列》。為保存、珍重歷史，同時又為方便後人參考、查詢，仍將講演的時間、地點記於每篇文章之後。

我之所以將此套書名為《人間佛教系列》，是因佛陀出生在人間，修道、成佛、說法度眾都在人間；佛教本來就是佛陀所說，本來就是「人間佛教」！因此，我依循佛陀的教誨，無論所寫、所言、所行，心中不時繫念眾生的福祉。我出家已超過一甲子，畢生竭力於人間佛教的弘揚與實踐，主要是希望全世界各族群能相互尊重，人我能相互包容，社會彼此和諧進步。《人間佛教系列》是為我初期弘法歷程，以及一以貫之的人間佛教思想理念的鮮明見證。

這十冊是《人間佛教叢書》第一套的結集，以後尚有第二套，甚至第三、第四套的結集。由於，人的生命在不停地和事業、時間賽跑，我一生也與著作、講說、服務人間在競賽，所以，一切就隨順因緣了！

出版在即，為文略說弘法因緣，並以心香一瓣祝禱人間佛教正法久住，所有眾生皆能身心自在，共生吉祥。

二〇〇五年七月　星雲　於佛光山法堂

目錄

佛光山大佛

怎樣做個佛光人

佛光山的大衆，都應該先知道這個問題。
舉凡佛光山的宗旨、目標、道風、守則等等，
在山上住過的老師、學生、徒衆，都應有深切的認識。

怎樣做個佛光人

佛光人第一講

台灣大學的師生，都自稱「台大人」，在中國文化大學的華岡師生，稱做「華岡人」。所以過去、現在，凡與佛光山有緣的人，都應稱為「佛光人」。

「怎樣做一個佛光人？」佛光山的大眾，都應該先知道這個問題。舉凡佛光山的宗旨、目標、道風、守則等等，在山上住過的老師、學生、徒眾，都應有深切的認識。

現在我把「怎樣做一個佛光人」分成數點，貢獻給與佛光山有緣的大眾。

一、佛光人是常住第一，自己第二。

在家，父母生我形體，養我色身；因此父母第一，自己第二。出家，常住生我慧命，養我法身，同樣的是常住第一，自己第二。常住是我們的根，沒有根的草，生命不能長久；沒有根的樹，既不能開花也不能結果。沒有常住的人，就好似一個沒有靈魂的人。

常住是我們的家，家裡有溫暖，家裡有教言。沒有家的孤兒，日子不好過；沒有常住的徒眾，既沒有師承，也沒有法統，那裡像是佛弟子呢？

古德們有的為常住服務終生，甚至艱苦或兵難都不和師長分離；有的人為常住奉獻所有，與常住生死相依。現在有一些人擅離常住，忘失初心，不知恩義，不重根源，人道既虧，何能進入佛道？佛光人應把常住的利益建立在自己的利益之上。一個國家如果沒有忠臣義士，甘願為國犧牲，這個國家那有國魂？一個團體如果沒有盡心盡力的幹部，這個團體怎有生命？所以做一個佛光人，凡常住需要，無不全心全力來承擔，因為在我們的思想精神裡，本來就是常住第一，自己第二。

二、佛光人是大眾第一，自己第二。

有常住就有大眾，常住是我們的家園，大眾是我們的法侶。沒有大眾，不能辦事；沒有大眾，不成僧團。愛護大眾的人，才是尊重自己的人。《維摩經》裡說：「佛道到哪裡去求？佛道在眾生中求！」凡是具有聖賢氣質的人，都是把大眾的存在建立在自己之上；凡是自私的俗人，才忽視大眾，注重自己。我們到佛光山來成為佛光人的一份子，要知道佛光山不是靠一人所能擔當的，荷擔佛光山弘法利生的是常住三寶和十方大眾！可以說：沒有大眾，就沒有佛光山；沒有大眾，就沒有個人。佛光人應尊重大眾，不可忽視大眾；應容納大眾，不可排除大眾。

僧團，本來就是和合眾的意思，也就是清淨和樂的大眾。個人，只是大眾裡的一根螺絲釘，只是混凝土裡的一粒砂石。我們應該用自己的這根螺絲釘，把整個機械鎖緊；用自己的這粒砂石，把混凝土牢固。要尊重大眾，幫助大眾，不可自己先做大眾裡的逃兵。

三、**佛光人是事業第一，自己第二。**

佛光人很多，在佛光山的聚集，不是癡聚！我們有興隆佛教的理想，我們有普濟社會的願心。我們知道未來佛教的慧命，完全寄託在佛法的事業上。教育、文化、慈善等佛化事業，都是傳教的方便。

我國自明清以來，教務衰微，僧伽素質下落，主要原因就是佛教沒有事業。社會信眾除了喪葬儀式偶需佛教外，竟不知佛教對他們還有其他關係。

近四十年來，我們為佛教造就人才，而這些人才辦了養老院、育幼院、托兒所、幼稚園、中學、大學、雜誌、報紙、電台、電視、講堂、醫院、出版社、圖書館等，可以說我們的事業帶動了佛教的發展。

菩薩道的弟子，本來就該以「弘法為家務，利生為事業」。我國號稱大乘佛教地區，但目前能有幾人具備菩薩道的慈心悲願？所以應披心瀝肝，誓願身為佛光人，要以弘法利生的事業為職志！「但願眾生得離苦，不為自己求安樂。」只求佛教的發展，不管自我如何犧牲，也是甘心情願。我們決心以弘法利生的事業，供養三寶，奉獻給一切眾生。

四、佛光人是佛教第一，自己第二。

語云：「金錢誠可貴，生命價更高，為了自由故，兩者皆可拋。」佛光人應改為「生命誠可貴，自由價更高，為了佛教故，兩者皆可拋。」如果不把對佛教的信仰，建立在自己之上，是無法獲得宗教所給予的價值。

自古以來，歷代都有英雄豪傑們殺身成仁、捨生取義的事跡，他們成仁取義的風標，應該就是我們佛光人信仰上的藍本。

唐朝玄奘大師為了佛教譯經事業，親往印度求法，面對一片荒漠，他立誓：「寧向西天一步死，不往東土一步生」的精神，便是以佛教為第一生命，自己為第二生命的精神；揚州鑑真大師為了前往日本弘法，歷經七次危險，共費十二年時光，才能將佛法帶到日本。那種「為大事也，何惜身命」的精神，也就是佛教第一，自己第二的認識。古德們憑藉這種精神和認識，佛教在世間，才能放射出燦爛的光輝。

我們非為衣食而信仰佛教，非為名利而信仰佛教，非為安逸而信仰佛教，非為逃避而信仰佛教；佛光人是為了佛教而信仰，為了佛教而服務，為了佛教而奉獻，為了佛教而犧牲。所以，我們佛光人的守則是佛教第一，自己第二。

怎樣做一個佛光人？第一講的四點是：

第一、佛光人是常住第一，自己第二。

第二、佛光人是大眾第一，自己第二。

第三、佛光人是事業第一，自己第二。

第四、佛光人是佛教第一，自己第二。

佛光人第二講

佛光人所以稱做佛光人，當然在思想、精神、風格等各方面，佛光人與一般大眾是不一樣的。

怎樣做一個佛光人？第二講中，我也提出四點意見和佛光人共同勉勵。

一、佛光人要先入世後出世

佛法分世間法、出世間法：一般把世間法稱做俗諦，把出世間法稱做真諦。有些人以為佛教只尊重出世間法，鄙視世間法。但是「佛法在世間，不離世間覺，離世求菩提，猶如覓兔角。」世間人道未成，怎能完成出世的佛道？故太虛大師說：「仰止唯佛陀，完成在人格，人成即佛成，是名真現實。」

不容否認的，今日佛教衰微的原因，就是過分地忽略了世間資生的問題，急於求證出世的解脫，致使世人病我佛教為消極、厭世。不知大乘佛教的精神，雖然要有出世的思想，但也要先作入世的事業。

沒有入世的事業，和人間實際的生活脫了節，假如天天高呼出世的口號，國家不愛，父母不孝，族友不親，這樣就能容存於天地社會之間嗎？

耶穌教雖有天國的思想，但他們對人間的事業非常熱心，創辦學校、醫院，賺了大家的錢，大家還說他們好。佛教提到世間，就認為娑婆似苦海，三界如火宅，把人間形容得像牢獄一般可怕，但誰又不在三界娑婆的人間討生活呢？

由於這種思想的偏差，可憐的佛教自隋唐以後，出現了數百年日漸衰微的現象。近三十年來，因為社會的進步，時代的需要，佛教入世的事業越來越多，佛教的發展也越來越蓬勃。所以，我們佛光人要肯定復興佛教的不二法門，必然是先有入世的事業，然後再求出世的依歸。

二、佛光人要先度生後度死

社會對佛教最大的誤解，就是以為佛教是度死的宗教。平時不知佛教何用，到了往生的時候，才知道要誦經超度，致使人天師範的僧寶，淪於以經懺為職業，誤盡了天下蒼生，損失了無限的人才。

我們佛光人並不反對功德佛事，但我們認為度生比度死更重要，我們必須先度生後度死。

不用說，在佛教裡度生的活動難做，度死的功德好為，因此諺云：「會得香雲蓋，到處吃素菜。」假如要弘法利生，就不是那麼簡單。一個人間佛教的推動者，不但要博通經論，而且必須具備一般社會知識，甚至天文地理、政經常識、講說寫作、各種技能，還有宗教體驗、莊嚴行儀等，如果這些不能具備，就成為度生事業的缺失。

度死的功德，當然也可作為度生的因緣。例如，一場莊嚴如法的功德佛事，不但亡者受益，生者也會因此有了得度的因緣。不過，佛光人還是應該先充實六度四攝的修養，並且培養多種技藝的能力，以作為度眾的方便。比如，佛光比丘要以做醫師、教師、教誨師、布教師、工程師、領導師為職志；佛光比丘尼要以從事護士、教師、文教撰寫編輯、音樂師、美術師、家政師、語文師等為目標；佛光優婆塞、優婆夷，要護持真正的佛法——所謂真正的佛法，就是先度生後度死的人間佛教。

我們佛光人要把佛化教育從幼稚園、小學、中學、推動到大學；從個人家庭推動到整個社會；從寺廟出家眾推動到大眾生活裡。我們佛光人要把佛教文化普及於一切家庭，一切社會；我們佛光人要到處設立佛教慈濟事業，我們要把佛光幸福、歡喜，布滿人間。

我們佛光人先度生後度死，至少也要做到生死一起度，千萬不可只度死而不度生，因為我們佛光人感到生者比死者更需要佛教！

三、佛光人要先生活後生死

經常聽到有人問：你為什麼學佛？回答總是了生脫死；你為什麼出家？回答也是了生脫死。「了生脫死」，當然是我們學佛出家的最高目標，但是如果把這件神聖大事，當成一句應付的口號，豈不是太不重法尊教。不少人學佛太過蹦等，好高騖遠，致使許多言行都像空中樓閣，不切實際，把話說得很大，卻一點也沒有實踐。

佛光人所以要這麼想，並不是不重視了生脫死。只是，生活問題尚未解決，如何能解脫呢？比方：你沒有吃飯，沒有衣穿，如何能借假修真？如何能安心辦理生死大事？

我們常遇到一些初學的佛教人士，一開口都說：「我喜歡過清淨的生活」，一閉口也說：「我喜歡入山修行」。這都是非常冠冕堂皇的話，仔細研究起來，就會發現問題。因為你喜歡過清淨的生活，我就應該忙碌給你飯吃？你喜歡入山修行，我就應該苦命工作，幫助你的生活所需？你不覺得你的學佛太過自私嗎？你去修行了生脫死，我們為你謀取生活所需，永遠沉淪生死苦海，我們怎麼辦呢？

古來的大德宗師們，他們學佛修行，都立志先發心為人服務。有的發願生生世世做一條老牯牛，為眾生拉車負重；有的人發願陸沉頭陀苦行，一工作就是數十寒暑。因為他們知道，生活的資糧不具備，生死又何能了脫？《阿彌陀經》說：若人欲生極樂國土，不可少善根福德因緣。這意思就是要我們辦好生活上的福德資糧。佛陀住世時，每在說法中強調穿衣吃飯，經行勞動；我國百丈禪師更提出「一日不作，一日不食」的生活呼籲。所以佛光人應上體佛陀和祖師們的慈悲，在此高度工業化的時代，人人都能先照顧自己的生活，進而斷除憂悲苦惱，超越三界，永離生死輪迴。

四、佛光人要先縮小後擴大

在社會人群中，流行著這麼一句話：「滿瓶不動半瓶搖」，意謂真正有學問、有能力的人，並不急於求表現；一些不成熟的人，卻反而喜歡耀武揚威，爭取表現。

佛教中的學道者，有不少人不知養深積厚，不明大器晚成，總汲汲於攀緣，希望一蹴就能功成名就。

目前佛教裡的情況，自己未受僧眾教育，卻喜歡作僧伽師資；自己尚未受具足大戒，已經招收徒眾；出家後不安於學，喜歡雲遊浪蕩；佛門規矩不懂，已在專職販賣如來。在這種情況之下，怎能出現法門龍象？佛寺叢林又怎能成就聖賢？

所以，我們佛光人，不可流於時習。我們學道，要甘於十載寒窗的煎熬，要接受安貧樂道的生活；寧可無錢無位，不能無道無格。我們要先縮小自己，不要急於求售，等到因緣成熟，再自然擴大。

最後，我希望我們佛光人要像千年老松，能經得起歲月寒暑的遷流；我希望我們佛光人要像嚴冬臘梅，能受得了冰天雪地的考驗；我希望我們佛光人要像空谷幽蘭，能耐得了清冷的寂寞；我希望我們佛光人要像秋天黃菊，能熬得過寒霜雨露的摧殘。因為唯有能忍耐的人才能成功立業，唯有能縮小的人才能擴大自己！

怎樣做一個佛光人，第二講的四點是：

第一、佛光人要先入世後出世。

第二、佛光人要先度生後度死。

第三、佛光人要先生活後生死。

第四、佛光人要先縮小後擴大。

佛光人第三講

我之所以一次又一次的講佛光人應該如何如何，主要因為佛光山開山數十年以來，佛光人一天多過一天；我們佛光人不能不樹立風格，不能不確立原則。其實這些佛光人所應樹立的風格和確立的原則，也不一定只限於佛光人必須這麼做，凡所有佛教徒，不分宗派，不論老少，大家都應該遵守這些規定，自能影響到佛教的興隆。

怎樣做一個佛光人的第三講，我分四點來說：

一、佛光人不私收徒眾

印光大師論及佛教衰微的原因有所謂「三濫」，即濫收徒眾、濫傳戒法、濫掛海單。其中尤其是濫收徒眾，導致僧格墮落、教團散漫，最為嚴重。我們如有志於重整佛教僧倫，應從不濫收徒眾做起。

目前，出家太過容易，因此有一些人的福德因緣和善根既不具備，預習僧團的生活行儀和信心也不夠，便急急忙忙的出家，也急急忙忙的還俗；進出佛門太過容易，這是佛教的缺失，也是這一代青年的悲哀。

出家，不能不找一個師父依止剃度。在佛教裡，師父度人心切，告誡弟子的條件並不苛刻，甚至還有些討好徒弟的諾言。因此，師教徒不嚴，徒敬師不夠；師不像師，徒不像徒，就是這樣形成的。

尤有甚者，有些師父收徒，並不是為佛教培養人才，而是為自己收人眾有所斬獲；徒弟拜師也不是為了獻身佛教，而是找尋一個關心愛護自己的親人。經云：「因地不正，果遭迂曲」，師徒間用心如此，真是差之毫釐，繆之千里了。

就算在家信徒宣誓入佛，那也是皈依三寶，不是如一般所說「拜師父」。佛教所以缺少推展的力量，就是因為信徒全都給師父佔去了，真正的佛教已沒有佛教徒了。

不少在家信徒，也只知有師父，不知有佛教；只知供養師父，不知護持佛教。「教」與「徒」分了家，佛教又怎會有弘法利生的力量？

我們佛光人不可以私收徒眾，要把徒眾還給常住，甚至還給佛教。出家弟子只論輩份，不依某一人。例如：第二代的都是師父，則第三代的就都是徒弟；如果是在家眾的弟子，所有出家人都是師父，所有在家眾都是弟子。

佛光人的僧寶，人人都可以收徒弟，但男女眾只有大師兄為法定的代理師父，自己只是很多師父之一。佛光人應明白將此告訴下一代，否則，不算佛光人！

我之所以有此主張，實因見到佛教中人人收徒、收孫，有時師父們各自衛護自己的徒弟，造成同參道友彼此之間勢如水火；就算師父們無爭，弟子們也會各自以師為背景，劃清界線：「這是我師父的！」「那是你師父的！」，自然而然就會鬧得人我是非、烏煙瘴氣了。

希望佛光人都能體念佛法根本精神：「我只是眾中之一。」讓清淨和合的僧團，真正做到：一切是公的，不是私的；徒弟是佛教的，不是自己的。

二、佛光人不私蓄金錢

金錢是煩惱禍患的根源，但也是修道的資糧和佛化事業的淨財。發心出家為僧的佛光人，應該對金錢有正確的認識及合理的態度。

我們不可貪財，但也不必自命清高說：「我們不要錢。」煩惱禍患的金錢固應遠離，但淨財資糧對於修道、弘法事業的推動，也是非重要。個人可以沒有錢，佛教不能不富有。

目前佛教界對金錢有一些不正確的看法和作法，例如：

1.以為有錢就沒有道德，有道德的人不該有錢。

2.佛教人士不會用錢，但會積聚。

3.個人比寺廟富有，寺廟比教會富有。

4.委託信徒放高利貸，和信徒合作投資世俗事業（如：養魚、開百貨公司），供俗家親人使用，或留給子孫。

5.用在少數人的身上，不知道用在佛法事業上。

6.只知道收，不知道捨。

世俗人對金錢不能看開，貪求無厭，還情有可原。但佛教人士對金錢放不下，甚至不會使用，實在是太不應該了。

佛光人不是不該擁有金錢，但佛光人不該私蓄金錢。佛光人對金錢處理的方法應該做到下列數點：

1.出家、在家，彼此不可有金錢的借貸。

2.為常住大眾積聚淨財，不為自己儲蓄。

3.不私自化緣，不貪取檀越的供養。所謂「信施」，只是透過我們，用來做弘法利生的事業。

4.有錢，十方來十方去，把錢用在佛教和大眾身上的人，才是會用錢的人。

5.假如為理想、事業和計畫中的需要而儲蓄，應存在本山福田庫中，否則即不合法。

6.本山大眾，不管任何人，如查詢某人在福田庫中存款多少，或議論其長短，乃是干涉他人之行為，應提出糾舉。

吾等佛光人，所有淨財資糧，如果能遵照以上原則奉行，庶幾對金錢就無過了。

三、佛光人不私建道場

佛光人的聚合，乃是有志奉獻佛教的僧團。我們認為佛教比寺院重要，常住比個人重要。因為個人只是常住的一份子，常住只是佛教的一個單位。佛教的利益才是寺院常住的利益，寺院常住的利益才是個人的真正利益。

佛光人應有團隊的精神，應有整體的觀念，要以佛教的利益為利益，要以常住的利益為利益。往大處去設想，往遠處去計畫，自己不要營求私利，自己不可私有道場。道場，乃修行辦道的場所，供十方大眾修學之處，不是個人的安樂窩。今日佛教界，到處都有私自營建的道場，分散了佛教的力量，像一盤散沙，各自為政，不易發揮集體的力量。另外，有些佛教僧眾的觀念，是「寧可吃一家飯，不願吃萬家飯」，意謂只要侍候好一兩位有財力的信者，免得麻煩為信徒大眾服務，致使佛教弊病叢生，佛教衰微的現象，莫此為甚！

佛光人不可私建道場，古德所說：「寧在大廟睡覺，不在小廟辦道。」佛光人要從大眾裡培養奉獻的精神，要從團體裡磨鍊入道的信念。學佛首重發心，不發心弘法，如何能使佛法普及？不發心利生，如何能擁有眾生？須知佛教的慧命乃寄在傳教的事業上。我等朝暮所求的佛道，是在一切眾生間，佛光人如要保持一份佛子純真的德性，千萬不可謀求私利，自圖安樂。寧可庸庸碌碌在僧團中修行，也不要瞎打主意，以為自己有某些信徒護持，有力量擁有道場，這裡成立一間精舍，那裡開設一間佛堂。既不能掛單接眾，又不能專心辦道，忙碌的應付於生活之間，與當初出家時的大心宏願相距甚遠，反而更不能貢獻於佛教，也可說是自己最大的損失。

佛光人雖不要私建的道場，但可以有公眾的道場，把自己的心量放大，公眾的道場就是自己的道場。在公眾的道場裡，可以獲得大眾的助緣，可以增加學道的見聞，還有同參們的激勵，職務上的觀摩。佛光人若是擁有私自的道場，不只會失去大眾，甚至還會失去自己。

四、佛光人不私交信者

佛教裡有些僧眾把信徒看作是自己私人的，因此常聽到：「某某信徒是某某法師的徒弟。」私人的徒弟多了，「佛教」反而沒有「徒」了。

信者皈依的時候，本來就是皈依三寶，不是皈依某某人，即使皈依某某師父，仍然應該稱做佛教徒。

佛教徒，是佛教的，是僧團的，是大眾的，我們在感情上不可把他們看作是屬於自己所有的。

佛光人和信徒來往，要以常住代表的身分，接引信徒，照顧信徒，這純是道情法愛，不可建立私人的來往關係；因為一有私人來往，就不會以常住為重，最後自己和信徒必然都為常住及大眾所棄。

我見到一些和信徒有私交的僧青年，接受信徒的餽贈，等於是公務員接受了民眾的賄賂。吃了五穀不能不消災，因此就會循私，不是拿佛法作人情，就是拿常住作犧牲，甚至和信徒結成世俗的兄弟姊妹，反認信徒為義父義母，使僧格墮落，法統廢弛，良深浩嘆！

我又見到一些佛教中的大德，和信徒合夥經營事業，最後失敗時痛不欲生。或委託信徒轉放貸款，導致倒閉時不敢吭聲；就算不致失敗倒閉，當無常一到，是他自己的，但也是佛教的淨財，究竟存放在哪裡，卻沒有人知道，這不是很大的損失嗎？

佛光人不可在世俗人家輕易走動，不可輕易交託信徒購買物品，不可把錢財存放在信徒家中，不可隨便接受信徒的餽贈。我們佛光人與信徒來往純是佛法的、公眾的，僧俗之間需要淨化，不可俗化。

怎樣做一個佛光人？在第三講裡我希望大家做到：

第一、不私收徒弟。

第二、不私蓄金錢。

第三、不私建道場。

第四、不私交信者。

因為無私才能大公，大公才能入道，入道才能辦事。

佛光人第四講

我自童年進入僧團，至今已有數十年的歲月，在佛教裡所修所學，所見所聞，自有些心得，尤以目前佛教的現狀，僧眾的臧否，有一些耿耿於懷，甚至憂心忡忡。如部分僧眾過著醉生夢死的生活，想的都是自私愚痴的觀念，這樣怎能紹繼如來，弘範三界呢？因此，我們佛光人要學習自我要求，改革思想，增強信念，把不當的習氣揚棄，把不正的言行摒除，所以在第四講裡，提出以下四點意見：

一、佛光人不私自募緣

化緣，在佛教裡是一件很美而又很有意義的好事，宇宙的一切人和一切事，要靠緣才能存在；佛教界的事業，要靠緣才能辦理。可惜多少善緣善事，都給不當的運用，成了惡緣惡事；如強捐強募，私有私佔，致使美好的法緣，成了今日佛教最為人垢病之處。

例如出家尚未受戒，或受戒尚未參學，就先學會化緣；那些挨門挨戶的索討，只贏得一句「老闆不在家」的回答，佛教丟失體面，莫此為甚！

近來，由於各大德的弘傳聖教，佛教徒也逐漸增加，化緣並非十分困難之事；所以一些無志無願的僧徒，不用自己的智慧道德、苦勞犧牲來奉獻佛教，卻先想到化緣。濫用了化緣，自己縱有收穫，但佛教的公益，佛教的尊嚴，損失更多！

本來，佛教有句諺語：「不破參，不閉關；不開悟，不住山。」但一些初出家者，假借閉關住山之名，先向信徒化緣，先找信徒護法。甚至買電視機向人化緣，出外旅行向人化緣，要衣服穿向人化緣，要買書籍向人化緣。化緣、化緣，招致了信徒的窮於應付，最後他們只得宣布與佛教無緣。

我們佛光人，應有憂道不憂貧的精神，除佛法公眾的事業以外，絕不私自向信徒化緣，寧可無衣無食，無錢無緣，也不私自化緣。

二、佛光人不私自請託

佛光人不私自化緣，更不私自請託。

一些不明事理不顧大體的僧眾，見到信徒，有訴說不完的一些請託：「請代我買一件布料」、「請代我買一雙鞋子」、「我要維他命、藥品的治療」、「我想要日製收錄兩用機」，信徒買好以後，因是出家師父，他不好意思要錢，只得說由我供養好了。受者自鳴得意，以為自己德高望重，受人尊敬供養，不知道這是最惡劣的行為。

不但如此，還有一些好走官勢豪貴之家的僧徒，今天拜託你護持法會，明天拜託他幫助化緣，引權位而自重，託巨室為後援，庸俗腐化，腐化庸俗，僧格墮落，僧倫不修，無過於此！

更有甚者，自己無才無能，無學無道，但又喜好建寺，待寺成之後，既無信者，又無徒眾，只好請託地方土豪劣紳，參予名位，你做管理人，他做董事長。最後這些臨時烏合之眾，因為理想不一，信念不同，糾紛者有之，訴訟者有之，這一切皆種因於請託所造成的後果。

語云：「人到無求品自高」，《八大人覺經》云：「無自多求，增長罪惡。」所以，我們佛光人應學普賢大願王之「請佛住世」、「請轉法輪」，寧可求法求道，也不要向世俗請託。當然，人間所貴者，相互依助，虛心請託，也是正常的人際關係。為了弘法利生，即使向人叩頭請託也無可厚非。但不可為一己之私利，忘記僧寶的尊嚴，走權勢之門，託自己私事。佛教裡請託越少，僧寶的地位就越高。

三、佛光人不私置產業

我在第三講裡希望佛光人不可私建道場，現在我還要強調佛光人不應私置產業。

有一些年輕者，常希望自己有一棟房子，或是希望父母分給他一份產業。我常看到年輕的學道者，當他們有了產業，自己的道業就沒有了。

過去有位女眾不願嫁人，來山要求出家，她帶來父母給她預備的嫁妝，如電冰箱、電視機、汽車等，當時我叫她把那些東西送回去，她說她自己並不要那些東西，送給常住大眾用好了。我說：「不行！妳以後在教室裡聽課，聽到電視機的聲音，妳會想那是妳的電視機；妳看到有人吃冰棒，也會想到那是妳電冰箱裡的冰棒，妳怎麼能安心修道？」

她回答說不會，又說了很多好聽的話。但後來當我仍堅持叫她把東西送回去的時候，她捨不得那些東西，只有自己和那些東西一起回家，不再來了。

還有一些原來已出家多年的人，本來在佛教裡很安住身心的求學求道，但後來他的父母買一棟樓房給他，他為了要管理那棟樓房，也只好回家守門戶去了。

財產，對俗家人有其必要；但對出家人，如果他不會運用財產的話，產業會埋葬一個修道者。

世俗之人，產業越多越好；學道之人，產業越少越好。否則，產業不但不能幫助修道，反而成為修道的障礙。基於上述理由，佛光人除了常住公眾的產業，千萬不可存有置產的私心；因為私置產業長養貪心，貪欲的洪流，會把我們本已安住的身心沖失。

四、佛光人不私造飲食

在佛教裡做住持當家，學問是次要的，主要的是品德和供養心。本山對大眾是有心供養的，尤其飲食、燈光、熱水，不願意限制大眾。但私造飲食，這是絕對不許可的。

有名的律宗首剎——江蘇龍潭寶華山隆昌寺，自古以來，每年春秋二季傳戒，住眾千人，嚴持戒法，被尊為模範道場。不知由什麼時候開始，准許大眾除正餐過堂以外，個人可以「燒小鍋」，私造飲食。從此，住眾成年累月不上殿者有之，不過堂者有之，在房中宴請外客者有之，偷竊山中蔬菜竹筍者有之，盜用常住油鹽者有之；僧格的墮落，制度的破壞，自此，寶華山無復昔日的莊嚴神聖了。

偶爾私造飲食，本是輕微小事。但私造飲食影響所及，卻使僧團弊病叢生，豈能不戒慎之。

叢林裡面，在大寮監齋侍者像旁，寫著一副對聯：「未供先嚐三鐵棒，私造飲食九銅鎚。」可見過去大陸諸大叢林，已注意此事，所以要提早防患未然。今我佛光人應體會開山建寺的苦心，了解僧團制度的重要，千萬要遵守，絕不私造飲食。

本山所有設備，已夠大眾使用。若有賓客，可在朝山會館用餐；若有病者，如意寮中可以方便飲食；若因公務誤餐，法味堂中留有菜飯；若是特別喜吃酸甜苦辣者，可以吩咐典座特別製造供養大眾。

佛光人如係精舍頤養天年者，年老對常住有貢獻者，或已擔任常住堂主多年者，對於飲食雖可方便，但仍不可邀約他人共進餐飲。第四講，即：

第一、不私自募緣。

第二、不私自請託。

第三、不私置產業。

第四、不私造飲食。

如果大家都能奉行以上各點，則我佛光人必能團結自強，光大佛教。

佛光人第五講

我每次和本山職事、學生、徒眾等講說「怎樣做一個佛光人」，並非是標新立異、創宗立派，我只是慚愧自己無德無能，無法要求全佛教的人士接受我的意見，只能期望我的學生和徒眾能遵照指示，確立做人的原則、軌範、弘法的觀念：希望佛光人都能切實奉行。

須知目前佛教現狀，既無制度，又無是非，到處苟延生活，胡混時光，如果我們不高舉信念上的旗幟、思想上的目標，怎能為佛教承先啓後，策勵將來？所以在第五講中，我提出四點希望：

一、佛光人要有宗教情操

我們學佛不同於一般世俗之人，佛光人應擁有宗教情操。

什麼是宗教的情操？宗教情操就是宗教的性格，意即與生俱來的犧牲、奉獻、忍耐、慈悲、公正、無私、誠信、淳樸等的宗教美德。如果在自己的性格裡沒有這些宗教美德，此人就沒有宗教情操。

宗教情操固然是與生俱來的美德，但也可靠後天的培養。佛教徒每天的朝暮課誦、過堂用餐、出坡作務、參禪念佛，主要目的就是培養宗教情操。佛教徒以為一切修行只是為了了生脫死，其實宗教情操如果沒有培養好，怎能了生脫死呢？

現在一些出家剃度受戒之人，究其志願與精神，有幾人具有犧牲奉獻的發心？有幾人具有慈悲忍耐的德性？更遑論其他公正、無私、誠信、淳樸的性格，有時甚至連一般的做人之道都不俱全，又怎能對佛教和眾生做出最大的貢獻？並且證悟自性了生脫死呢？

我們發心學佛，把自己奉獻給三寶，須先考查一下自己的宗教性格。現在佛教衰微的原因，就是僧團裡具有佛教性格的人太少了。我希望佛光人不能疏忽宗教性格，不能不培養宗教情操。

怎樣培養宗教情操？應先具有四心：

一、離欲心。二、慚愧心。三、平等心。四、慈悲心。

然後再具有四德：

一、威儀德。二、行持德。三、忍耐德。四、普濟德。

總之，佛光人的佛教性格，應該是信仰比生命重要，佛教比自己重要，大眾比個人重要，道德比金錢重要。有了佛教的性格，做好佛光人就不困難了。

二、佛光人要有因果觀念

現代的社會，常被有道之士批評為「世風日下，人心不古」，為什麼會如此？主要的原因就是，今日社會大眾普遍缺少因果觀念。

佛法召示我們：「菩薩畏因，眾生畏果」，生為現代欲海洪流的芸芸眾生，普遍不明因果，不怕因果。目前社會上，到處是能騙則騙，能貪則貪，能搶則搶，能佔則佔，橫豎法律不是萬能寶典，違法也不一定有人知道，就算有人知道，法律也不一定能制裁。其實不然，即使沒有法律制裁，因果也不會不制裁的。

一個人如果做了違背道德的事，即使逃得了法律的審判，也逃不了良心的審判，逃不了因果的審判。日本楠正誠死後，在衣服裡留了五個字「非、理、法、權、天」，此五字的意思就是「非」不能勝「理」，「理」不能勝「法」，「法」不能勝「權」，「權」不能勝「天」；「天」就是因果，因果才是最後的勝利者。

過去佛教長老大德，考驗後學，也是先觀察他是否忠誠，然後明瞭他是否有因果觀念？因為學道之人，若不忠誠，若無因果觀念，則此人一定會營私舞弊，弄法玩權，非但無益於大眾，甚至還會傷害到常住和佛教。

不幸的是現在佛教僧團亦如社會，因果的觀念越來越淡薄，沒有為教的熱忱，沒有為眾的公德。曾任中國佛教會祕書長的常惺法師以「惑業苦」的定律，譏諷應赴者為「和尚怕齋主，齋主怕因果，因果怕和尚」，真是刻劃到了極頂。

我們佛光人，應不同於流俗，僧格的樹立，應先有因果觀念！寧可無錢、無衣、無物，也不能不明因果；寧可無名、無位、無用，也不能違背因果。

侵犯常住公物，是違背因果的定律；浪費常住所有，是違背因果的行為。只憑一己之私，不顧佛教榮譽，不念他人利益，所以古德慨嘆「袈裟下失卻人身，而作披毛戴角還」的警語，即此之謂也。

三、佛光人要有慚恥美德

《佛遺教經》云：「慚恥之服，於諸莊嚴最為第一。」在佛教裡想要激勵自己的菩提心、榮譽感，以及進德修業、敦品向學，沒有比慚愧的美德更重要的了。

所謂慚愧，慚者怕對不起自己，愧者怕對不起他人。一個人能夠時時仰無愧於天，俯無怍於人，則此人的道德梵行，就幾近於圓滿了。

但是遺憾的是，現在的人已經不太重視慚恥的美德了。例如有些明明是僧寶，他不知僧寶的尊嚴，居然出賣僧格，親近白衣；有的美其名曰灌頂，曰傳法，白衣上座，僧裝下跪，這不是佛說的末法現象嗎？有少數經懺之流，上著袈裟，下穿革履；口誦經文，心計單銀，這不是無慚無愧的寫照嗎？還有那些身披法衣，手持引磬，挨門挨户敲打者，說得好聽是化緣，其實是如丐者乞討，這不是喪心病狂、忘失慚恥的美德嗎？還有一些坐享信施供養，不知福利大眾，一意攀緣世俗，不知安份修持，這豈非不重己靈、不知羞慚為何事嗎？

省庵大師在〈勸發菩提心文〉中說：「正法像法，皆已滅盡，僅存末法，有教無人，邪正不分，是非莫辨，競爭人我，盡逐利名，舉目滔滔，天下皆是，不知佛是何人？法是何義？僧是何名？衰殘至此，殆不忍言！」省庵大師繼續說：「每一念此，不覺淚下。」這就是慚恥之心，這就是菩提正念。希望我佛光人亦如省庵大師，常念眾生受苦，常思正法久住，痛切懺悔業障，發心弘法利生，做一個保持慚恥心的真正佛子！

四、佛光人要有容人雅量

我經常告訴大家：我們要有容許異己的雅量。

人，是非常複雜的眾生，有地域的不同，有性別的差異，有年齡的懸殊，有職業的類別，還有信仰、思想、興趣、利害種種的不同，沒有容許異己存在的雅量，就不能體會因緣和合的佛法，就不能認識互相依存的真理。

語云：「有容乃大。」大海容納百川眾流，所以才能成為大海；虛空容納森羅萬象，所以才能成為虛空，做人要能包容異己，人格才能崇高。

非常可惜的是，佛陀雖開示我們「遠離我執法執」的寶訓，然自古以來，我執、法執一直是古今佛子的通病。

參禪的禪人不容念佛的淨人，念佛的也批評禪者的不是；學教的指斥修行的盲修瞎鍊，修行的人指斥學教的不重修持；住茅蓬的頭陀說大寺院的住持好名好利，大寺院的住持說住茅蓬的頭陀是自了漢的焦芽敗種。總之一句，在佛教裡，到處都是你說我不對，我說你不該，批評譭謗，譭謗批評，到以後同歸於盡，佛教滅亡就天下太平了。

過去有某祕書長告訴我：某領導人要他研究如何打倒東方佛教學院。他說：「天主教的神學院，耶教的聖經書院都不必打倒，為什麼同教的人要打倒同教的佛教學院呢？」所幸有這位好心的祕書長，不然，我們的佛教學院不被打倒，也會遭遇更多的麻煩了。

希望做為佛光人的大眾，不要強人同己，要明白「方便有多門，歸源無二路」，不必人人順我，眼耳鼻舌各司其用，才能成為健全的有用之人。有了鐵路，再建一條公路，甚至再加高速公路，分工合作，才能發揮更高的功能。

諺云：「泰山不辭土壤，故能成其大；河海不擇細流，故能成其深。」人外有人，天外有天，何必不容許他人存在？若不能明白這個道理，自相殘殺，只憑私怨、嫉妒，那會成為佛教的罪人啊！

怎樣做一個佛光人？在第五講裡，我希望佛光人做到：

第一、要有宗教情操。

第二、要有因果觀念。

第三、要有慚恥美德。

第四、要有容人雅量。

佛光人如果能做到以上四點，則進德修業、增福增慧，不為難也。

佛光人第六講

佛光人聚集在佛光門內，並非無事癡聚的烏合之眾，而是以弘法利生為目標的有志之士，所以我們那怕只是做一根小小的螺絲釘，也要盡忠職守，讓佛光僧團能運轉自如，發揮功能，期使所有信者能均霑法益，同獲法喜。

佛光人應如何盡好自己的職責呢？在第六講裡，我提出四點意見，希望大家都能切實做到：

一、佛光人要有爲教的憂患意識

古德有云：「國家興亡，匹夫有責。」同樣的，佛教興亡，也是我們每一位佛子的責任所在。這種憂時憂教的使命感，就是每一個佛光人應該具備的憂患意識。

我們不能因為目前的佛教盛況而洋洋得意，須知在繁華的表象之下，往往埋藏著重重的危機。

近年來，政府雖然對於宗教政策，略採開放態度，但是還未能真正意識到宗教的可貴，也無法從長遠的角度來處理宗教問題，尤其對於佛教，不該限制的地方處處設限，該設限的地方卻又門户洞開。例如：光是一個管理人的制度，就使得多少寺院受制於外行領導內行，不能有所發揮。而寺院住持的資格卻漫無限制，一些住持沒有受過正統的叢林訓練，在威儀、佛學、修持、弘法等等方面的能力，都有所欠缺，更遑論領眾薰修，淨化社會！類似這些不合理的規定還有很多，對於佛教未來的前途，將是一大隱憂，吾等佛子是否據理力爭，是否能力圖改善呢？

這些年來，外道人士目睹佛教興盛，因此也在他們的儀式學說中，摻入佛教的色彩，企圖魚目混珠。一些邪魔外道更是表面上打著佛教的旗幟，事實上斂財騙色，無所不為。然而一些佛子們卻還在醉生夢死，只知道趕赴熱鬧，錦上添花，卻不知道自我充實，破邪顯正。長此以往，佛教日漸削弱，有心之士，寧不憂乎？

佛光人不能因為今日佛光山的各項建設還算平順，就掉以輕心。現在大部分的佛光人未曾參與早期的開山建寺，所以不知道一磚一瓦來處不易，一桌一椅物力維艱。目前的社會雖然沒有過去物質缺乏的窘狀，但是世界各國的經濟普遍不景氣，天災人禍又頻仍不斷，寺院的油香供養自然受到影響，加上工商業社會型態逐漸取代了過去的農業社會組織，興建法會、化緣募款的方式將日趨式微。近幾年來，佛教團體如雨後春筍般蓬勃發展，如果我們不開源節流，另謀良策，只借佛教可用資源，越分越薄，大家都要同歸於盡了！

危機並非註定敗亡，假如我們能善觀時變，未雨綢繆，危機就能轉為契機。目前我們的教界沒有制度，不問是非；一般的教徒也只看眼前，不管將來。所以佛光人的當務之急，就是要培養為教的憂患意識，不但要自我充實、廣開門路，更應關心國家、社會、佛教、眾生的當前需要，時時思惟未來的前程應何去何從！我們不僅應該記取印度、西域、印尼等國佛教遭逢異教入侵，中國三武一宗，民初教產興學及海峽對岸文革血腥的法難教訓，更須常思效法高僧大德為法忘軀、捨我其誰的道德勇氣，荷擔起紹繼如來家業的神聖使命！

二、佛光人要有爲道的篤實心態

我們學佛修道，最重要的莫過於求真務實，裡外一如。

在叢林裡如果讚歎一個有道心的人，常說他是一個「本份的修行人」。所謂的「本份」，就是一種「造次必於是，顛沛必於是」的篤實心態，也就是將佛法落實在日常生活中，修行到自己的血肉裡，乃至須臾之間，都不悖離佛法。例如：對人慈悲，就必須真真正正的慈悲，受人之託，要忠人之事，不能濫用方便，權巧說謊；工作服務，就必須誠誠懇懇地做事，要步步為營，全力以赴，不能好高騖遠，不切實際。即使是做一個燒煮飯菜的典座，也要實實在在地將米飯煮得香甜可口，讓大眾吃了，心生喜悅；那怕只是寫一個字，也要恭恭敬敬地將字書寫端正，讓別人看見以後，感到高興。

只要用一瓣心香去供養大眾，自然就得到一份法益。否則只是在嘴上說些好聽的話，實際上卻不是那麼回事，非但於道有所虧損，久而久之，也得不到別人的信任，這種虛晃一招、空腹高心的處世態度，終將使自己陷於失敗的境地。

佛光山經過前人的努力，從當年的克勤克儉，白手起家，發展到目前的佛光普照五大洲的成就，可說是集體創作，成就不易。現在佛光山所辦的活動都是要最大的，所動員的人數也要最多的，什麼都是要求最好的，我們佛光人這種要大要好的心態，固然是無可厚非，值得嘉勉，但也要講求腳踏實地，按部就班，不要虛妄驕縱，自以為是。就像慈惠法師在〈隨侍翻譯二十年〉一文中所說：一九七七年，徒眾們目睹我過去在國立藝術館主持的佛經講座，造成座無虛席的轟動，所以紛紛勸我改在中華體育館舉行，然而這些建議都被我一一否定。弟子們都只看到我的願心很大，頗能承擔，卻不知道我向來做任何事，都是膽大心細，審慎規畫，量力而為。

經云：「勿以善小而不為，勿以惡小而為之。」我們的起心動念，進退舉止，非但會影響自己的道業，也將牽動佛教的未來，不僅涉及僧團的興衰，也將關係眾生的慧命，希望佛光人都能從誠信裡認清自己，從篤實中向前邁進。

三、佛光人要有對事的敏銳覺知

佛教裡所謂的「一念三千」、「橫遍十方，豎窮三際」，固然說明了真如自性的妙用無邊，更提醒我們要善用自己的真心，在做事時要有敏銳的覺知，六根並用，聞一知十，能夠心有靈犀一點通，自然就能收到事半功倍的效果。

想要學習敏銳的覺知，並不須旁人指點，只要自己能在平時留心周圍環境，主動了解狀況，善於會意靈巧，懂得瞻前顧後，左右連貫，看到了一點，能由點想到線，由線及於全面，自然可以運籌帷幄，預得先機。此外，我們需要培養綜合推論，分析演繹的能力，使得四方周遭的事物，都能在當下視野內照顧妥當，讓過去、現在、未來三時的情景，迅速掌握在方寸中，如此一來，即使有突發狀況，也能善知應變，觸類旁通，而不會偏倨一隅，驚惶失措。

古德有云：「先天下之憂而憂，後天下之樂而樂。」佛光人具有「佛教興亡，佛子有責」的神聖使命，尤應隨時代的脈搏，以便走在潮流的前端，引領群倫，步向正道。佛光人肩負「萬方多難此登臨」的重責大任，更須深切了解當前社會的弊端在哪裡？目前的眾生需要的是什麼？俾能及早對症下藥，解民倒懸。

佛光山開山以來，之所以能在社會上產生些許影響力，不但是因為我們辦了許多福國利民的佛化事業，更重要的是我們能隨著時代的腳步與眾生的需要，不斷創造突破，推陳出新。今後，佛光僧團的前途、社會大眾的福祉，就要靠現在的佛光人，以敏銳的覺知來掌握自己和佛教的前途。

四、佛光人要有爲衆的慈心悲願

佛光人寧可以沒有學問，但是不能沒有慈悲；佛光人寧可以喪失一切，但是不能喪失慈悲。因為慈悲是佛法的根本，慈悲是濟世的能源。我們的教主佛陀示現娑婆，教化眾生，固然是基於慈心悲願；即便他在因地修行時，種種的難行能行，難忍能忍，也是為了慈愍眾生。我們後世佛子怎可安逸懈息，自私自利呢？

慈悲既是如此重要，我們應如何長養慈心悲願呢？佛教裡常說「佛法在眾生中求」，慈悲既是學佛的根本，又何能自於其外？所以，我們應該從處眾、和眾、愛眾、敬眾、助眾、利眾、容眾、領眾……當中，培養自己的慈心悲願。

一般人做到的慈悲大都是一時的慈悲、熱鬧的慈悲，至於永恆的慈悲、寂寞的慈悲，就必須運用我們的智慧，才能洞悉其中的珍貴；必須發揮我們的願力，才能不畏艱難，堅持到底。例如：濟苦救貧，以財物來紓解眾生的困境，固然是一種慈悲，但是它只能濟人於燃眉之急，而無法使人永久得度，所以我們說它是一種「一時的慈悲」。相對而言，興學辦道，以教育方式，從根本上啓發眾生的慧命，著書立說，宣揚佛陀的真理，就是一種「永恆的慈悲」。

開辦弘法活動，舉行齋戒法會，不論是以活潑動態的方式，或以莊嚴肅穆的場面來攝受眾生，大都屬於「熱鬧的慈悲」；相形之下，文化事業雖然向來不受重視，但是卻能無遠弗居，對大眾產生莫大的裨益，對社會有著深遠的影響，這就是一種「寂寞的慈悲」。

佛光山在海內外建寺安僧，匯集文化、教育、弘法、慈善等佛化事業於道場之內，依據眾生的根器，觀機逗教，應病予藥，標本兼治，可說是在實踐最徹底的慈悲。

我們因慈悲而聚集在佛光僧團裡，共同為慈悲的目標而努力，希望大家對慈悲都能具有深刻的認識，讓慈悲的佛光能遍照寰宇，讓慈悲的法水撫慰眾生。

佛光人第七講

俗語說：「死有重於泰山，有輕於鴻毛。」古今中外的有德之士尚且在危急存亡之際，輕財利、重仁義，我們佛光人自許為社會的清流砥柱，佛門的龍象棟樑，在待人接物時，更應該在輕重得失之間，做一個正確的選擇，所以《怎樣做個佛光人》第七講中，我提出下列四點意見，希望大家共同勉勵：

一、佛光人以佛法爲重，以世法爲輕

在佛教裡稱世間法為有漏法，因為在這個世間上，儘管我們享盡榮華富貴，親眷恩愛不渝，如果沒有佛法作為生活的指南，終究是貪欲瞋恨、愚痴邪見，畢竟是諸苦聚集、惱害身心。如果我們對於世間諸法沒有一點自覺，對於五欲六塵沒有一點醒悟，那麼不但生命的境界無法提高，甚且也會如同俗人一般隨波逐流，在煩惱的深淵裡無法自拔，更遑論益世度眾了。因此佛光人處世之道，首先應該以佛法為重，以世法為輕，換言之，就是必須以佛法來引導世法。

我們必須確實認知五戒十善、因緣果報、慈悲喜捨、六度四攝、三法印、八正道、四聖諦……這許多佛法都是救世的良藥針砭，是解脫的不二法門，是苦海中的慈航，是長夜裡的明燈。

如果我們不如此肯定佛法的重要性，就很容易隨俗流轉，一旦境界來臨，無法作主，不但自度不成，反害他人。多少佛教人士，雖然剃了頭，出了家，但是人在山林，心在世俗，充其量只不過是形同沙門；我們寧可人在世俗，心在佛法，做個真正身心出家的法同沙門。

怎樣知道自己能否「以佛法為重，以世法為輕」呢？我們可以這樣考驗自己：當世法與佛法有了衝突的時候，我自己應如何取捨呢？

例如：當自己的貪心生起的時候，我是否能夠運用佛法，告訴自己應該放下，轉貪婪為喜捨？當面對冤家仇敵的時候，我是否能以佛法來化解瞋恨，而不向對方報復還擊？當世俗上的喜好與學佛有所相悖時，我是否能以弘法利生為重，寧可放棄前者？面對名聞利養的誘惑，我是否能守道不動搖？當佛法被人攻訐批評的時候，我是否能挺身而出，不畏多橫，奮力護法衛教？果能如此，我們就是以佛法為重了。

身為佛光人，應該以此為原則，自我培養這份堅固的道心。

二、佛光人以道情爲重，以俗情爲輕

人，是有情的眾生，無法抽離感情而生活，如果人沒有了感情，就失去了人之所以為人的內涵條件。但是感情有世俗的感情，信仰的感情；感情有染污的感情，淨化的感情；感情有佔有的感情，奉獻的感情；感情有小兒女的私情，更有對眾生的大愛。

世俗的感情，不但指父母親眷之間的感情，還有朋友、同學、同事、同鄉之間的情誼，自己的愛好、興趣等等，廣義而言，這些都是世俗之情。世俗的感情雖然有一時的快樂，但是容易流於佔有，具染污性，而信仰的感情則是以智導情的淨化感情。

學佛並非要我們拋卻世俗之情，做一個無情的冷血動物，相反地，佛教非常注重感情，教我們不要捨棄任何一個眾生。佛陀在因地修行時，割肉餵鷹，捨身飼虎，甚至成道以後，為母說法，為父擔棺，這些都是佛教重視感情的最佳例證。此外，菩薩稱為覺有情，像觀世音菩薩恆以悲心聞聲救苦，地藏王菩薩二六時中地獄度眾，菩薩如果沒有真摯深切的感情，如何能對眾生生起無私無染的大愛。

對於一些愛好，佛法也不至於那麼絕情，要我們斷然放棄。如金碧峰禪師不就愛缽如命嗎？但是這並不妨礙他對空理的體證，到了最後他寧碎玉缽，而將自己安立於佛道之上；金代禪師不也視蘭如己嗎？然而他能將愛蘭的心情，擴大到人我相處上，使世人至今都能從他的故事裡，分享到佛法的温馨。高僧大德們並非如同槁木死灰般沒有感情，但是他們都能將世俗之情昇華，用來愛眾生、愛佛法。

其實，宗教的信仰就是一種至高無上的感情。例如：我們之所以念佛、拜佛，就是因為我們愛佛、敬佛，否則我們怎麼肯稱念佛的聖號，並且將最尊貴的頭叩投在地上呢？所以真正的信仰，是愛的淨化、愛的提昇，是擁有比人間的情愛更善美的內涵；真正的信仰，是心甘情願的奉獻，是至高無上的犧牲，是立足在比世俗的感情更高超的層次上面。

為什麼我們要對佛教犧牲奉獻？難道佛祖要我們的感情嗎？不是佛要，而是我們「公修公得，婆修婆得」，是要自己全心全力地付出之後，才能有所獲得。

我們不妨捫心自問：在待人處事的時候，都能不離佛法嗎？苟能如此，才能安於道中，不為境轉。否則，都用世俗的方法盡情往來，在利害關係下臭味相投，一旦俗情和佛法有了衝突的時候，就會寧可要我的父母，不要我的師長；寧可要我的兄弟姊妹，不要我的同道法侶；寧可要我的俗家，不要我的常住；寧可要我的榮華富貴，不要我的法身慧命。這樣一來，不僅是佛教的損失，更使自己陷於萬劫不復的地步，豈不令人扼腕痛惜！

所謂「俗情淡一分，道念才能增長一分」。「天人交戰」往往是學道者必經的心路歷程，一個修道者的成功，就是以道念降伏俗念，以法愛戰勝俗情。「愛不重不生娑婆，情不深不受苦逼。」俗念凡情深重的人，容易陷於愛河欲海之中，迷失自己的慧命，甚至在袈裟下失卻人身，更有負十方的信施與常住的栽培。希望大家在俗情與道情之間，都能有圓融智慧的取捨。

三、佛光人以實踐爲重，以空談爲輕

佛教之所以衰微的主要原因，在於教界人士只知空談高論，不切實際，深奧玄妙的道理說太多了，反而使佛教教義中利益眾生、服務社會的方法漸漸被人忽略淡忘，以致於世人輕垢佛教，以為只是普通心性之學或消極悲觀之說，不足以經世濟民、匡正人心。

經常看到一些法師們談玄說妙，說得有如入定般自我陶醉，信眾們卻全然聽不懂，這又有何益？我也時時目睹一些同道們，高談闊論為教為眾的一番理想抱負，但是自己不肯動手去做，也不過是說食數寶罷了。

在這個日新月異的時代裡，要學的，要做的，實在是太多了，為了自我快速成長，廣度無邊眾生，最好的方法就是邊學邊做。在實務中發現不足，在不足中尋求突破，在突破中不斷進步，抱持虛心的態度與務實的精神，這樣才能自他二利，做一個名符其實的大乘行者。

曾經有人讚美日本人邊說邊做，德國人做了也不說，而中國人最為人垢病的就是只說不做。令人汗顏的是，在佛教界只說不做的人卻何其多！三十年前的台灣，多少人倡言佛法應該電視化、電影化、文藝化、大眾化、通俗化、社會化，但是他們只是空談而不去實踐。我們佛光人最具有德國人的精神，儘管在文化、教育、弘法、慈善各方面已經多有建樹，但是大家卻能效法古德謙沖自抑的美德，只願默默耕耘，不計收穫和得失。

今日，我們可以很驕傲的說：「佛光山開山近四十年來，沒有一個閒人。」佛光山每一個份子，讀書的讀書，修行的修行，弘法的弘法，度眾的度眾，甚至一個人身兼數職，忙碌於利生的工作。一樁樁佛教事業，就在如此千辛萬難之下建設起來；一顆顆菩提種子，也在萬丈紅塵之中長養了慧命。這些都是佛光山重視實踐的成果！

所謂「說一丈，不如行一尺」，盼望佛光山的後輩佛子們，也能發揚前人身體力行的精神，寧可做一個苦苦惱惱的小兵小卒，也不要做一個空腹高心、不切實際的聰明人；但求盡己之力回饋社會人群，供養十方大眾，不必寄望他人的供養。我們為信者添油香，上報四恩，下濟三途，才是佛光人對佛法的實踐。

四、佛光人以是非爲重，以利害爲輕

目前的社會之所以亂象叢生，就是因為有太多人唯利是圖，凡是不利於我的，儘管有利於社會國家，合乎公理正義，也不肯犧牲一點，古人所謂「拔一毛以利天下而不為也」，正是這種人生的最佳寫照。

然而最可悲的，還是自許崇奉大乘宗門，以弘法利生為依歸的中國佛教，不能團結力量，無法凝聚共識，究其原因乃由於一些教界人士只問利害，不問是非，只要是有交情的親朋故友，如何自私自利都無關緊要；只要是直屬的宗門派下，怎樣的不合理法，都能包容忍耐；只要自己受到一點恭維讚美，常住的前途盡可以棄之不顧；只要我能分得絲毫利益好處，眾生的幸福可以一概拋諸腦後。長此以往，不論對自己、對團體都是一大斲傷；對佛教、對眾生來說，更是有所戕害。

因此，凡我佛光人要以事理為重，只要是對的、合理的，儘管對自己不利，也要贊同支持；只要是錯的、不合理的，縱使對我如何有利，萬死也不能苟同。一個人能夠把是非看得比利害重要，這個人就有人格，就會受人尊敬；一個團體的每一份子，都能把合理善惡置於個人得失之上，這個團體就有希望，就有前途。

我回想自己過去在叢林裡，曾經有一些很要好的同修道友，我們之間無話不談，然而當他們後來背離佛教，另謀發展以後，即使想要給我多少的利益，我都拒絕接受，因為「道不同，不相與謀」，所謂「寧教老僧墮地獄，不拿佛法作人情」，希望大家對是非利害有這樣的認識。

佛光山的文教事業雖然年年虧損，仍然不惜投注大量的財力心血，因為我們不計個己的利益，心念所繫者乃佛教的前途與眾生的慧命。

實事求是的精神乃我佛光人宗風所在，凡我佛光人都要努力延續這項傳統於千秋萬世。

佛光人第八講

佛教流傳至今，在無形中產生了一些積非成是的弊端，及正邪之間的論調，已逐漸成為進步的阻礙，我們佛光人具有廣大的目標與志向，自不能坐視流毒繁衍，腐蝕聖教。因此在第八講裡，我提出下列四點意見，希望大家從自己開始，切實做到：

一、佛光人不以經懺爲職業

人在世上都有職業，佛教的出家人以何為業呢？古德有云：「弘法是家務，利生是事業。」現代的僧伽應該以講經開示、授課教書、著作編寫、慈善救濟、教會行政、大眾傳播、領眾薰修，乃至服務道場，建設許多的佛化事業，以繼往開來、紹隆佛種為職志。然而曾幾何時，經懺佛事卻因為容易維生而成為一般僧侶的職業，所謂「會得香雲蓋，到處吃素菜。」經懺佛事本來是人間了生脫死、弘法度眾的法門之一，如今竟然淪為佛教僧侶的生存方式，誠為可悲！如此行徑非但有違佛陀拔苦予樂的本懷，抑且埋沒人才，使僧格墮落，徒令外人鄙視，喪失向道之心，論其罪過，可謂深矣！

所以，佛光人應該以經懺佛事作為和信徒結緣的方式之一，不可用為商業行為；我們應該抱持至誠懇切的心態，將經懺佛事作得莊嚴如法，切忌流於世俗經營，以應酬熱鬧為能事，否則無以昭示佛恩，更遑論生亡兩利！

我深知經懺佛事雖然行久弊生，卻無法禁止根除，因為有些信徒可以一輩子不聽經聞法，但是百年之後卻不能不需要法師念經超薦；有些信徒可以在平日不參加法會誦經，但是在喜慶時節卻不能不延請法師念經祝禱。因此，希望佛光人對於經懺佛事，應懂得淨化改善，以此作為度眾的法門，以此作為弘法的方便。或有齋儭，也應供養常住，不為己圖，則更能增進道念，有益於修持。

二、佛光人不以遊方爲逍遙

今天佛教人才不易培養，主要原因之一是由於許多僧尼出家未及一年，三事雲衣一披，便藉參學美名，如無祀孤魂一般，不務正業，四處雲遊，既不懂得佛門規矩，威儀也不周全，非但不能參悟佛法，光大聖教，反而隨俗流轉，有辱佛門，令人嘆息不已！

順治皇帝云：「天下叢林飯似山，缽盂到處任君餐。」雖然說明佛法的廣大，叢林的海量，但是如果我們只是如此行南走北地生活，對於闡揚聖教卻不能建立深切的使命感，對於廣度眾生卻沒有抱持熱忱的態度，即使是已經在三師七證之下，受過三壇大戒的比丘、比丘尼，也不足法式！

在《師子吼經》中，佛陀曾告示弟子，經常遊行在外的人有五種艱難：一、不誦法教，二、忘失所誦之教，三、不得定意，四、已得三昧而後忘失，五、聞法不能持，希望僧眾們對上述幾點能有所警惕。所謂「一缽千家飯，孤僧萬里遊；為了生死事，乞化度春秋。」看似逍遙，但這種灑脫自在的生活不是一般德薄願淺的佛子所能輕率效法；這種內修外弘的方式，更不是一般入門初學的行者可以輕易做到。像惠能大師負石椿米多時，養深積厚，獲弘忍大師印可傳法後，又在獵人群中韜光隱晦十餘年，終於龍天推出，大興禪門；浮山法遠禪師在參學過程中，忍辱負重，艱苦卓絕，方能成為佛門龍象，化人無數。高僧大德的行誼，現代的僧伽能做到幾分呢？

古人說：「讀萬卷書，行萬里路。」試問今之遊方者可曾讀破萬卷書？對於雲遊參訪的意義又了解多少？明末清初的大學者顧炎武曾說：「有體國經野之心，而後可以登臨山水；有濟世安民之略，而後可以考古論今。」一介書生尚且有如此弘遠的抱負，何況肩負利濟群生重責大任的佛門釋子呢？儒家有所謂「學而優則仕」的觀念，吾等濫廁僧倫，則應該在道業有成，威儀具足之後，才可以四處參學。孔門有所謂「十載寒窗，一舉成名」的說法，吾等菩薩行者則必須十年苦行，安住學習，以待大器晚成，普利眾生。希望凡我佛光人都能恪遵佛光山的剃度法語：「出家十年莫遊方，我居一處樂無窮。」

三、佛光人不以自了為修行

學佛修行本來是佛子的本務，但是時至今日，許多出家人卻道聽塗說，盲修瞎練，所修的行持已經與佛道漸行漸遠。

例如：有些人倡言住山閉關，招人募捐護持，供養食宿生活，但是因為自己沒有道行，在外獨居又缺乏僧團大眾的督促力量，所以沒有多久，就日漸懈怠，道業未成，卻已淪為物質的奴役，未能善了此生，卻徒造惡因，遑論悟道脫死！還有些人主張放下萬緣，如槁木死灰般枯坐念佛，藉修行之名，坐享其成，懶於作務，茶來張口，飯來伸手，不知福慧雙修，行解並重，卻妄想佛道有成，速往極樂，何其自私！

欲求生淨土，必得發菩提心，持戒修善，自行化他，勤修三福，經云：「不可以少善根福德因緣得生彼國」，那裡僅有念佛一途就能成事？古德說：

「沒有心開意解，不可閉關；沒有開悟入道，不可住山。」沒有積集足夠的福德因緣，未能具備大死一番的決心，卻奢言住山閉關，了生脫死，何異緣木求魚？

佛陀曾喝斥過份出世的二乘弟子為自了漢，維摩大士曾批評心態弊陋的小乘行人為蕉芽敗種。而諸佛如來「三祇修福慧，百劫修相好」，悲智雙運，廣利眾生，才能六度俱全，成就無上正等正覺。因此真正的佛道是在犧牲奉獻中實現自我，真正的修行是在服務大眾中培福積德。

修行！修行！究竟什麼叫做修行呢？具體而言，叢林作務是修行，精研佛學是修行，接引十方是修行，宣揚聖教是修行，慈悲喜捨是修行，禪淨戒行是修行……乃至正心誠意，福國利民都是修行。希望我等佛光人都能切實了解修行的真諦，發心做社會的貢獻者，不要做社會的分利者：立志做世間的生產者，不要做世間的消耗者。

四、佛光人不以無求為清高

古德說：「人到無求品自高。」本來是用來砥礪大家的志行節操，然而時人卻誤會其意，錯以無求為清高，在學業上得少為足，不求甚解；在事業上但求溫飽，不求發展，而這種想法，尤以自稱「方外之士」的出家人更為普遍！

其實真正的無求，它的對象應該是身外，而非心內；應該是私利，而非公益。也就是說，對於外在的名聞利養，我們不必卑躬屈膝，馳求追逐，但是當內心有所不清淨，有所不知道，有所不圓滿時，我們就應該切實反省，力求改進，或向老師求道解惑，或為自己作得度因緣，或向佛陀祈求印心，或為眾生祈福消災。對於個己的利益，我們也盡可看輕看淡，但是當大家的權益需要保障時，我們就必須挺身而出，為眾謀福。佛光人以淨化自我，弘法利生為己志，對於「善法欲」的追求更應具有深刻的體認。

例如：慧可大師不「求」初祖達摩為其安心，如何能深得禪門法髓？玄奘大師沒有「求」法熱忱，如何能發揚中印文化？最初師事婆羅門的迦葉尊者不向佛陀「求」道，如何能轉邪歸正？原本修習小乘的鳩摩羅什不「求」大乘佛法，如何能提升自我？甚至阿彌陀佛如果「無求」，不經累劫修行，那裡能成就七寶莊嚴的極樂淨土來接引末法眾生？二千五百年前，悉達多太子證悟佛道以後，如果「無求」，即刻入滅，後世佛子不就無福得度？道安大師如果「無求」，畏難苟安，佛教那裡能在亂世中繼絕存亡？鑑真大師如果「無求」，遇難則止，日本的佛教也不會有今日的盛況。

反觀今日的佛子因為「無求」，或只知自了，或濫行方便，成就道業者幾希？若再回顧佛法在佛陀的故鄉——印度本土隱晦暗淡；在大乘的聖地——西域一帶消失殆盡，更足以令人痛心疾首！我們怎能空言「以無求為清高」？怎能不奮發振作呢？

希望自今爾後，凡我佛光人都應該努力從下面四個方向著手：

一、要求自己健全自我，圓成道業，弘法護教，廣利眾生。

二、力求常住大眾和諧，同心一德，法務興隆，佛日增輝。

三、勤求信徒事事如意，家庭美滿；國泰民安，互尊互敬。

四、祈求世界和平幸福，種族平等，眾生安樂，消災免難。

佛光人第九講

五十年來，台灣的佛教由衰微到振興，可以說這都是佛教界同心協力締造的佳績，但我們不能以此自滿，必須再接再勵，不但應從歷史的縱觀，剖析佛教盛衰的原由，以為殷鑑，更要從時代的宏觀，探究佛教未來的道路，作為良策。因此，在「怎樣做個佛光人」第九講裡，我提出下列四點期許，與大家共勉。

一、佛光人身語行爲要有社會性

許多人出家以後，一開口說話，就離不開「了生脫死」、「斷除煩惱」、「萬緣放下」、「入山清修」，所做的事情也不外乎念佛修行、參禪打坐，甚至整日眼觀鼻、鼻觀心，無所是事，不但行為與社會大眾乖異，思想也和整個時代脫節，以致外人病我佛教消極、厭世、自私、隱遁。

其實「僧伽」意即「和合眾」，但是在中國歷史上，由於掌權握勢的政治人物及活躍社會的士大夫們短視近利，他們無視佛教淨化人心的功能，畏懼僧人的博學多聞及聚眾力量，以一切手段，或恩威並濟，或助長輿論，將僧尼驅入山林，不問世事，久而久之，出家人本身也安於隱居道場，不熱衷參與大眾事務。因此儘管自己與別人同為社稷一份子，同盡國民之義務，卻被視為異類，無法得到應有的重視，遑論弘法利生、發揚聖教。

披覽佛典，釋迦牟尼佛的托缽乞食，四處行化；觀世音菩薩的遊諸國土，度脫眾生，無非說明佛教深入社會的重要性。翻閱教史，廬山慧遠如果不結社念佛，道安大師如果不聚眾講學，佛法如何能在亂世中繼絕存亡？慈藏如果不為王宮貴冑講經，元曉如果不入民家酒肆宣道，新羅王國就不能法益均霑，普受佛恩。

隨著資訊科技的發達，群我關係日盛，社會性格更是每一個出家人不可或缺的條件之一，凡我佛光人不但要到國家會堂開示法要，也應該至鄉村陋巷領眾薰修：不但要舉辦慈善事業，濟貧救苦，也應該大興文化教育，遍灑菩提種子：不但要接引青年男女，為聖教注入新血，也應該化導幼齡兒童，使佛法燈燈相傳：不但要廣納十方，光大宗門，也應該拓展道場，國際弘法。惟有內修外弘，行解並重，我們才能遍學法門，圓滿佛道。

二、佛光人弘法利生要有使命感

俗謂「一個和尚挑水喝，兩個和尚抬水喝，三個和尚沒水喝。」這句話用來形容僧團可說是入木三分。而「逢齋頸似鶴，遇事頭如鱉」的戲稱，更說明現代僧伽對弘法家務、利生事業缺乏應有的使命感，因此只有任人訕笑輕侮，又怎敢誇言自己是釋門弟子？

鳩摩羅什為來震旦傳教，不惜含垢忍辱；曇無竭為往西行求法，更是倍嘗艱辛，然而今人面對聖典，或輕心慢意，讀而不行；或藉搏名利，苟且偷生，清夜自問，寧不泣血椎心？神會力闡頓悟之理，為六祖惠能定位，南宗法系自此日益隆盛；法照創五會念佛，來往宮廷寺院之間，致力弘揚淨土，念佛法門因而深入人心。但是後人卻以修禪念佛為名，獨善自了，致使宗門轉弱，法要盡失，念及於此，豈能無愧無悔？

凡我佛光人以八宗兼弘為己任，以承先啓後自我期許，焉能任令佛法飄零，後繼無人？因此我們應該時時生起殷重心，稟持使命感，以教為命，以眾為我，切實做到不忘初心，健全自我能力；堅守崗位，光大常住宗風；建設事業，發揚佛教精神；奉獻心力，利樂一切眾生。

三、佛光人五欲六塵要有自制力

走入社會，擁抱群眾，弘揚佛法，廣利有情，這是佛光人責無旁貸的使命，然而身處在五光十色的紅塵裡，名利能煽動我們，感情能迷惑心志，威勢能迫人就範，苦難能左右意念，我們怎能不謹慎戒懼？

以中外佛教法難為例，外人嫉我勃興，懼我力強固然是原因之一，最重要的還在於佛教內部弊病叢生，淳源漸失。例如：各個宗派之間，由義理之辯到名位之爭，已超乎法執之外。教內無法團結，給予有心人士可乘之機，再加上隨著佛教的發展，信施日盛，賊住僧尼濫廁佛門，或行誼輕慢，奢侈浪費；或崇尚空談，坐享其成；或昧於俗情，耽於逸樂；或羅致利養，不知修行。由是敵教者鼓動其間，唆弄上位，因之召來禍端，出家人下焉者曲意諂媚，迫害佛教，令人痛心！中焉者外緣不具，內學不足，駭於惡勢，只有捨戒還俗一途。上焉者入山避害，默守僧戒，甘於清苦，以待來時，乃至如智實法師寧受杖責，抗章不屈；法琳法師捨身上奏，溯源駁祖；法沖法師不顧己命，納僧施糧；靈裕法師晝讀俗書，夜談佛理……佛教就在這些有心人士的努力護持之下，避免根絕的命運，他們的高風亮節也就流傳千古，與聖教並輝。至於道悅禪師迎刃就死，不引賊路；道楷大師榮及而辭，受罰不欺；印簡法師雖遇兵難，不離常住；從諫禪師當面拒子，闔門不出……他們置生死榮辱於度外，棄功利俗情如敝屣的懿行高節，如今仍被世人謳歌傳頌，懷念不已。

先人已遠去，典型在夙昔。今後社會的複雜更甚於過去，面對五欲六塵，凡我佛光人應該要有自我肯定的力量，不但肯定自己的能力，也要肯定自己所選擇的道路；不但肯定佛法的殊勝，也要肯定常住的方針，如此則能臨難不苟全，生死不易節。凡我佛光人也應該具有自我尊重的力量，不但說話誠懇，做事負責，乃至在日常生活時，也必須端心正意，不犯威儀，如此則侮辱不臨己身，俯仰不愧天地。凡我佛光人更應該要有自我自在的力量，將一切人、地、事、物視為修行的道場，凡事內省自觀，只問耕耘，不問收穫，則八風於我何有哉？凡我佛光人還應該具有自我安樂的力量，以佛法為安身立命的根本，如〈剃度法語〉所說：「無錢無緣隨他去，只求佛法作慈航。」如果我們能擴大一己之心胸，視佛教之興衰為己命，自然能安住身心，不為物役；如果我們能昇華個人的感情，視眾生之安危為己任，自然能忘卻煩惱，不以己悲。

四、佛光人做人處事要有公德心

唐朝國一禪師曾言：「出家乃大丈夫事，非將相之所能為」。出家，為開悟見性，實現完美人格；出家，乃紹隆佛種，荷擔如來家業；出家，在弘法利生，作人天師範，眾生導師。然而時至今日，僧團裡的出家人在做人處世方面，卻連俗人都不如，真是令人汗顏！

就拿大乘菩薩道基本的六度精神而言，信徒們節約所用，布施錢財、心力，貢獻佛教，反觀一些僧眾慳貪吝嗇，一毛不拔，一力不出；社會人士守法重禮，知恥尚義，一些僧眾卻在伽藍內恣意毀戒，無慚無愧；紅塵中人不乏動心忍性，修身有成之士，一些僧眾反而瞋火盈懷，狀似修羅；世俗人為家計生活尚且勤勉工作，奮發向上，一些僧眾反而沉溺安逸，怠於辦道；在家人藉練功學仙，啓發少許禪定力量，一些僧眾不但不樂修禪，反而遇事衝動，沒有定力；信眾懂得利用閒暇，聽經聞法，一些僧眾反而懶於思考，不重慧解，自然也無法將佛法妙諦傳授他人。所以近年來雖然出家人數增多，但素質低落，令人堪憂，長此以往，不惟僧倫敗壞，甚且累及佛門清譽，危害大眾信仰，其影響可謂至深且鉅！論其肇因，不外公德心之缺乏有以致之。

回顧佛世時，由於僧眾均能嚴守「六和」精義，在行為、語言、思想、見解、經濟、法規等六方面和合統一，所以佛教在五天竺迅速發展，及至傳入中國，僧團又有「身心交給常住，性命付予龍天」之說，因為僧眾愛護常住，尊師重道，故能倍受時人敬仰，宋朝大儒在參訪禪林以後，就曾經讚歎

「三代禮樂盡在僧家！」惜乎明末清初以後，徒子法孫制度盛行，僧尼執持道場，苟且營私，成為變相家庭，不唯寺院弊竇叢生，教界也有如一片散沙，佛教因而日趨衰微，僧伽的地位也大受影響。公德心之重要性可見一斑。

凡我佛光人以「佛光普照三千界，法水長流五大洲」為目標，應先從發揮公德心做起：對於佛教，我們要獻心獻力，不但設法革故鼎新，更應力求發揚光大；對於常住，我們要榮辱相依，不但愛護公用物品，更應擁戴常住政策；對於同道，我們要甘苦與共，不但心懷成人之美，還應身行代眾之勞；對於眾生，我們要人我一如，不但報答十方信施，更應度脫一切苦難。

佛光人常自詡有佛法作為舟航，有制度以為保障，但這些都是不夠的，因為「人能弘道，非道弘人」，所以在「怎樣做個佛光人」第九講裡，我希望大家切實做到下列四點：

第一、佛光人身語行為要有社會性。

第二、佛光人弘法利生要有使命感。

第三、佛光人五欲六塵要有自制力。

第四、佛光人做人處事要有公德心。

佛光人第十講

當今的世局，詭譎多變；當今的宗教，邪魔猖獗；當今的人心，江河日下；當今的社會，暴戾充斥！佛光人應如何自處？應如何伸展理想抱負？所謂「己立立人，己達達人」，在「怎樣做個佛光人」第十講裡，我提出下列四點意見，希望大家努力遵循：

一、佛光人生活要佛法化

佛法在哪裡？佛法在生活之中，舉凡行住坐臥的威儀，揚眉瞬目的禪機，搬柴運水的作務，穿衣吃飯的瑣事，無非都是佛法。

我們經常看到有些人在佛殿禮拜時，非常沉靜肅穆，但一踏出佛殿，則三五成群，笑語喧嘩，甚至說是道非，議長論短，因為他們只具有「禮拜」這一時的佛法，而非日常生活的佛法，所以一旦煩惱來臨，也只有任其擺布。也有些人在聽經聞法時，頷首俯掌，振筆疾書，覺得十分受用，但一離開講堂，立刻受到外緣牽引，貪瞋愚痴，翻雲覆雨，因為他們只具有「聽聞」這一時的佛法，而非日常生活的佛法，所以一句閒話能令其傷心難過，一個眼色也足致其頹喪數日。這種情況不但普遍發生於在家信眾身上，連自許為人天師範的出家僧眾，也經常犯過而不自知，究其原因，不外平日對善法不著意，沒有反觀自省的習慣，所以「說時似悟，對境生迷」。

生活裡沒有佛法，誠然是可悲的。佛世時，須陀那比丘被女色所惑，悔恨交加；提婆達多為利養所動，犯下五逆重罪，命終墮入阿鼻地獄，無有出期；隋煬帝雖然建寺敬僧，但為人殘忍縱慾，最後被勒死於寢宮之中；道明嫉恨惠能繼承衣鉢，欲追殺加害，差點犯下了滔天大禍。

反觀淫女蓮華色出家後一心向佛，不久證得神通第一；殺人魔王鴦崛摩羅披剃後忍辱精進，後來也開悟證果；阿育王自皈依佛法後，痛悔往日凶狠暴行，慈悲覆物，終於獲得百姓的愛戴；弘一大師學佛後，一改從前風流習氣，嚴持淨戒，及至今日，大家仍對他懷念不已。生活裡有了佛法，就像黑夜裡有了明燈，船夫有了羅盤，再也不會迷失方向。問題在於我們是否能循序漸進，善巧運用。

儒家以禮來規範人的行為，並且有所謂的「不欺暗室」。佛門則將佛法運用在生活上，除了講究行如風，坐如鐘，立如松，臥如弓之外，並且要求佛子舉心動念必須念佛、念法、念僧。見面時的問訊作禮，固然提醒行者應當「合全十之掌，印中道一心」，飯前的供養咒，飯後的結齋偈，則將佛教「無緣大慈，同體大悲」的精神深植心中。隨時脫口而出的彌陀聖號，固然蘊藏著無限深意，聽經聞法時的瞻仰諦聽，也表露出內在的莊嚴涵養。早晚課誦固然為我們培福植德，排班跑香也能讓我們藉此修持定慧。從晨鐘暮鼓到梵音宣流，從行堂典座到出坡作務，佛門裡的一切行儀，無非讓我們從生活的佛法化做到心靈的佛法化，從行為的止惡行善做到心念的自淨其意，希望凡我佛光人都能如對佛面，奉行不懈。

二、佛光人信仰要理智化

信仰是人生的寶藏，人，如果沒有信仰，就如同貧者一樣一無所有。

信仰是人生的力量，人，如果沒有信仰，則凡事懈怠，無法產生直下承擔的勇氣。

但是，信仰有正有邪，正當的信仰應具備信實、信德、信能等三個條件。我們何其有幸，在世界這麼多信仰當中，能選擇在三者之中均居上首的佛陀作為我們的導師，可惜許多人出家以後，雖然身披僧袍，卻不學無術，以陰陽、卜卦、算命、解籤餬口混日。也有些出家人雖然自稱釋子，卻無所不拜，舉凡上師、活佛、仙道、鬼畜都是他們依止的對象。還有些出家人生點小病，就到處尋醫，遍求偏方；一聽說那種寶石可以改變磁場，去邪避禍，便趨之若鶩。甚至有些出家人誦經持咒不為利濟眾生，卻妄求利養恭敬；參禪念佛不為開悟見性，卻妄求神通靈異……凡此皆與佛道大相違背。

歷史上，白蓮教、紅巾賊打著佛教的旗號為非作歹，殷鑑尚未遠；社會上，神棍、乩童藉著佛教為幌子斂財騙色，歷歷猶在目。我們身為佛子，當效法諸佛菩薩及祖師大德去邪顯正、匡濟蒼生的大智、大仁、大勇，焉能錯倒謬見，以訛傳訛？推究這些怪現象之所以頻頻發生的原因，無非是由於許多人未能深切理解佛教是覺者的宗教，沒有用理智來實踐信仰的緣故。

一代大儒梁啓超先生晚年對於佛教有很深刻的認識，他曾說：「佛教的信仰，是正信而非迷信，是兼善而非獨善，是住世而非厭世，是無量而非有限，是平等而非差別，是自力而非他力。」的確，佛教是禁得起真理考驗的信仰，我們應如何堅定信仰呢？三法印、四依止固然是辨別信仰真偽的良方，行解並重，思惟省察；提起疑情，努力參究；鍥而不捨，實修實證；提出見地，與師印心等，也能為我們的信仰找到明證，更能促進我們生活的幸福圓滿。

經云：「從癡有愛，則我病生。」又說：佛陀是無上大醫王，能醫治眾生八萬四千種病。惜乎眾生迷妄深重，即使病情甚篤，不但不服法藥，反而以迷治迷，因此舊痾未癒，新恙又生，不唯個人苦痛連連，社會也蒙受危害。希望佛光人都能以理智的態度來實踐佛法，以理智的方法來宣揚佛教。

三、佛光人處事要平和化

世事互相緣起，彼此相生相成，所以佛教很注重群我之間的關係，經典裡一說到佛，便是「一切諸佛」、「十方如來」；一說到眾生，也是「法界眾生」、「四生九有」；一說到佛弟子，則是「四眾弟子」、「緇素二眾」。然而目前許多人一出家，便老大起來，對同道出言傲慢，對信徒頤指氣使，殊不知僧之所以稱「寶」，是因為彼此平和無諍。

華嚴世界由於自他不二，人我一如，所以光光相攝，事事無礙；琉璃淨土因為善人聚會，無男女相，所以安和樂利，政治清明，可見平和是處世的無上法門。觀世音菩薩尋聲救苦，以三十三應身隨緣度眾；普賢菩薩恆順眾生，以十大願行普利有情，所以贏得大家的尊敬，可見平和是做人的最佳良方。西方佛國以水鳥說法、七寶樓閣、八功德水、黃金鋪地來行不言之教，可見平和也是度眾的最好方式。

俗云：「人和為貴。」又說：「和氣生財」、「和氣足以致祥」、「家和萬事興」，世界上沒有比平和更寶貴的美德了。當今世界之所以亂相頻起，就是因為人我之間不能平和，所以國家與國家之間戰禍連綿，種族與種族之間隔閡歧視，團體與團體之間黨同伐異，人與人之間爾虞我詐。因此，凡我佛光人欲光照普世，利樂有情，應從自己處事平和化做起，不但要尊重讚美，包容異己，更要自他互易，常存慈悲；不但要相敬相愛，相知相助，更要喜捨奉獻，不求望報。

四、佛光人修持要落實化

社會上往往有一種怪現象，有些人呼籲注重環保，但是要他們清掃街道，處理垃圾，他們卻連忙一口拒絕。也有些人提倡保護生態，但是要求他們不打殺蚊蠅昆蟲，他們卻千難萬難。還有些人高喊服務社會，但是要他們捐獻救災，他們卻猶豫拖延。我們常說，這種人只是徒喊口號，卻不能落實在行為上。如果這僅僅是個人的習性倒也罷了，但是好的觀念如果不能落實，社會那裡會有希望？好的政策如果不能落實，國家那裡會有前途？

無獨有偶，佛門裡也常有這種情況，許多佛教徒參禪時亂打妄想，念佛時心裡罵人，布施時計較名利，持戒時輕視同參，因此無論修行了多少年，還是沒有人緣，儘管遍學了多少法門，依然煩惱重重。這種人就是修持不能落實化。

時下也有些佛子口說敬信三寶，但經常不是嫌這座佛像不夠莊嚴，就是怪那本經書太過艱澀，不是說這間寺院不夠富麗堂皇，就是講那個法師太過木訥呆板，一時之間，皈依三寶的功德都在嘴邊漏光了。還有許多人自稱護法金剛，但究其實是護神不護人，護師不護道，護人不護事，護情不護法，所以美其名為護法金剛，衛教保僧，實則瓜分資源，毀滅佛法，自以為功德巍巍，實際上罪過深重，這種人也是修持不能落實化。

修持不能落實化，不但舊業未了，而且更造新殃；修行不能落實化，不唯個人受害，也是團體的損失。做為一個佛教徒，修行不能落實，如《華嚴經》云：「如人數他寶，自無半毫分」，了無實益。我們佛光人身負弘法利生的重責大任，首應將自己的修持落實化，否則己未能度，何能度他？在諸經典中，《維摩經》的「佛道品」偈語，最能淋漓盡致地描繪修持應如何落實人間：

「智度菩薩母，方便以為父，一切眾導師，無不由是生。法喜以為妻，慈悲心為女，善心誠實男，畢竟空寂舍。弟子眾塵勞，隨意之所轉，道品善知識，由是成正覺。諸度法等侶，四攝為伎女，歌詠誦法言，以此為音樂。總持之園苑，無漏法林樹，覺意淨妙華，解脫智慧果。八解之浴池，定水湛然滿，布以七淨華，浴此無垢人。象馬五通馳，大乘以為車，調御以一心，遊於八正路。相具以嚴容，眾好飾其姿，慚愧之上服，深心為華鬘。富有七財寶，教授以滋息，如所說修行，回向為大利。四禪為床座，從於淨命生，多聞增智慧，以為自覺音。甘露法之食，解脫味為漿，淨心以澡浴，戒品為塗香。摧滅煩惱賊，勇健無能踰，降伏四種魔，勝幡建道場。雖知無起滅，示彼故有生，悉現諸國土，如日無不見。供養於十方，無量億如來，諸佛及己身，無有分別想。雖知諸佛國，及與眾生空，而常修淨土，教化於群生。」

凡我佛光人以弘揚人間佛教、建設人間淨土為目標，因此在「怎樣做個佛光人」第十講中，我希望大家都能做到：

第一、佛光人生活要佛法化。

第二、佛光人信仰要理智化。

第三、佛光人處事要平和化。

第四、佛光人修持要落實化。

佛光人第十一講

為人之道，首重感恩，更何況自許為人天師範的佛教僧伽，若不知感恩圖報，何以宏範三界，利樂九有？所以，在《增壹阿含經》中，佛陀告誡諸比丘：「當知反復，識其恩養。」又說：「嫉妒無反復，此人不可療，智者之所棄。」

今日的佛教界裡，有許多人在家時尚知謙虛恭敬，然而一旦出家，便以三寶自居，稍有榮耀，就妄自尊大；稍有成就，就自以為是。行久弊深，隱憂日現，不但一己之前途葬送在名利堆中，無法自拔，佛教的未來，也被個人私慾所蒙蔽，不能遠謀，誠然遺憾。有鑑於此，在「怎樣做個佛光人」第十一講裡，我想告訴各位，若欲紹隆佛種，光大聖教，必須做到下列四點：

一、佛光人將光榮歸於佛陀

佛教有一句話說：「仗佛光明。」的確，在佛陀的慈光照耀下，我們對未來充滿信心；在佛陀的法水滋潤下，我們的人生充滿活力；在佛陀的威德感召下，我們的生活有了目標；在佛陀的願力加持下，我們的人間擁有歡喜。因此，當我們有所進步時、被人讚譽時，一切的榮耀都應當歸佛陀所有。即使我們為教犧牲，為常住效勞，為社會奉獻，為眾生捨命，所得到的一切光榮也應該全部歸於佛陀。

試想：如果不是佛陀示教利喜，我們如何能夠得到般若智慧？如果不是佛陀弘揚真理，我們那裡會懂得緣生緣滅？如果不是佛陀諄諄教誨，我們怎能淨化自己？如果不是佛陀循循善誘，我們能擁有什麼？所以凡我佛光人在佛陀的座下依教奉行，立身處世，都應該飲水思源，謙沖卑下。

偉大的佛陀並不一定要我們燒香、獻花、供養果食，也不一定要我們頂禮膜拜，隨侍左右。在每部佛經的「流通分」裡，佛陀均囑咐諸大菩薩及在場見聞者助其宣揚教義，普度有情，可見佛陀最殷切的期望是我們能承擔弘法利生的重責大任，所以凡我佛光人為報佛恩於萬一，應該以禮讚三寶來供養佛陀，以講經說法來供養佛陀，以利樂群生來供養佛陀，以遍設寺院道場來供養佛陀，以廣興佛教事業來供養佛陀，乃至以建設佛化社會、佛化國土、佛化人間來供養佛陀。

總之，佛光人沒有自己的光榮，一切都源自佛陀的賜予，《楞嚴經》中說：「將此身心奉塵剎，是則名為報佛恩。」凡我佛光人應謹記在心，身體力行。

二、佛光人成就歸於大眾

佛光山近四十年來，在全球五大洲建設百餘間別分院，在世界各地成立百餘所佛光協會，在海內外興辦十六間佛教學院、四所社會大學、九家佛光緣美術館，每月發行數十萬份《人間福報》，其它如佛教藏經的新編、養老育幼的照顧、醫院診所的設施、生老病死的歸宿等等，佛光山也都全力以赴，成績斐然，凡此均已獲得社會大眾的肯定及各級政府褒揚。對於這一切的成就，出家僧眾不宜掠美，而應歸功於全體大眾，如果不是因為信施大眾的發心，我們那裡能做出這麼多的事業，造福這麼多的有情？所謂「獨木難支，眾擎易舉」，大眾的力量不容忽視。

佛光山每次舉辦法會活動，動輒數萬人參加，如果沒有十方善信的發心，怎會有此輝煌成績？佛光山每次舉行佛經講座，都是人滿為患，對社會淨化人心有著莫大的影響，如果沒有大眾的參與，何能有此盛況？佛光山每居週六在全世界有數十萬人同時、同音稱念佛號，如果沒有全球信眾的共識，怎能有此殊勝因緣？佛光山每天有數十部義診車穿梭在全台偏遠山區，提供免費醫療服務，如果沒有善心人士的支持，那能贏得社會各界的肯定？所以我們不能得少為足，以此自滿，而應百尺竿頭，更進一步，以最善美的一面呈現給大家。

佛光山莊嚴堂皇的大雄寶殿，是由一萬四千八百個信徒共同捐資獻力，高入雲霄的接引大佛由四百八十名信眾，以四百八十大願共同建設而成，可容二千觀眾的大會堂是十萬信眾共結善緣的結果，大悲觀音殿、大智文殊殿、大願地藏殿、大行普賢殿是萬眾一心的成就。

從觀音放生池中的鳶飛魚躍，看到信眾的慈心悲願；從急難救助會的賑濟財物，看到信眾的樂善好施；從朝山會館的接待十方，看到信眾的大願大行；從金玉佛樓的妥善設施，看到信眾的無我奉獻；從雲居樓、檀信樓的完備功能，看到信眾的深心堅固；從大覺寺、大慈庵的修學功用，看到信眾的殷殷期許；從佛教學院、沙彌學院的造就僧才，我們看到信眾的見識高遠。

沒有佛陀，就沒有佛教！沒有信施大眾，就沒有佛光山！因此光榮要歸於佛陀，成就要歸於大眾。

三、佛光人將利益歸於常住

佛光山融和原始僧團「利和同均」的理念與現代社會福利分攤的思想，主張佛光人將淨財收入交歸常住統籌處理，因為佛光人修行辦道的資糧都由常住供給，佛光人學佛讀書的費用概由常住支付，所以一切服務所得均應反哺常住，一切智慧收入當然也應該交回常住。

三十多年來，儘管佛光人散居世界各地，有的在校教書，有的道場服務，有的講經說法，有的編輯寫作，然而一旦收到任何淨財供養，都涓滴歸公，加強常住各種建設；儘管佛光山的別分院遍設全球五大洲，有的側重文化，有的側重法會，有的側重講經，然而一旦收到任何淨財紅包，都悉交常住，為大眾謀福。

為籌集佛光人的淨財收入，佛光山傳燈會設立「僧伽福利基金」，舉凡佛光人的僧裝、醫療、參學、旅遊等經費均由此支出，舉凡佛光人父母的壽誕禮品、禮金等等也由此撥款。此外，佛光山南來北往的交通車、修道服等等，也都是由佛光人以平日所得購買添置，以便信徒朝山、參禪修淨之用。

古德有云：「問渠那得清如許，為有源頭活水來。」常住有了豐沛的財源可資活用，才能滋潤更多的菩提種子，成就波瀾壯闊的佛教事業。偈云：「歸來一滴曹溪水，灑向雲廚味自珍。」佛光人所獲得的點滴利益，都應該集中常住，匯為法雨，遍灑人間。冀望大家都能將「利益歸於常住」的優良傳統保持下去，以期同心協力開創更美好的未來。

四、佛光人將功德歸於檀那

檀那到寺院來上香禮拜、念佛參禪、聽經聞法、布施行善，或到寺院來義務服務、護持三寶、參與活動、貢獻力量……，凡此都是在播種福田，一旦因緣成熟，自會開花結果，這就是所謂的「功德」。在早晚課誦之後，祈願回向，祝福檀那吉祥如意，法喜充滿，就是「將功德歸於檀那」。

或許有人會說：是因為出家人建寺興教，著書立說，社會大眾才能獲得法益，淨化身心，但細想起來，這一切何嘗不是護法檀那所成就呢？我們的一粥一飯，無一不是檀那供養；我們的一衣一用，無一不是檀那所貢獻。檀那是佛教的支柱，檀那是佛教的藏室。沒有檀那，我們就無能有所作為；沒有檀那，我們就不能有所發展。因此一切的功德怎能不歸於檀那呢？所以無論是大座講經，或是法會開示，無論是編輯刊物，或是撰寫短文，我們不但應該在事前準備周詳，以期言之有物，更必須在事後虔誠祝禱，希望護法檀那都能承此功德，身心自在，並且都能將平安法喜帶回家庭，讓闔府均霑法益。這就是「將功德歸於檀那」。

由於檀那的護持，成就了佛教的進步；由於檀那的發心，促進了正法的久住，所以佛光人無論走到哪裡，都應視檀那為親人，懇切招待，甚至應該抱持僧信一體的認知，視他如己，為其著想，藉著聯絡交流，分擔他們的憂悲苦惱；藉著馨香祝禱，分享他們的健康快樂。此外，我們更要發揚「存財於信徒」的理念，讓檀那在遊刃有餘的情況下積善培福，凡此都是「將功德歸於檀那」。

經云：「法不孤起，仗境方生。」一切都是眾緣和合所成，希望佛光人要隨時提醒自己：

第一、佛光人將光榮歸於佛陀。

第二、佛光人將成就歸於大眾。

第三、佛光人將利益歸於常住。

第四、佛光人將功德歸於檀那。

佛光人第十二講

過去有兄弟二人同時往生，閻羅王判他們來世投胎做人，並且允許他們可以先選擇要過什麼樣的人生。哥哥表示想要過給予的人生，結果一生富貴利達，樂善好施；弟弟表示想要過接受的人生，結果一生貧窮潦倒，以乞討維生。

這雖然是一個寓言故事，但也是在啓示我們：懂得給予的人才是最富有。因此佛教裡的四攝、六度均以布施為首，可惜的是，許多人都以為在家信眾才要布施，殊不知以上求下化為己任的出家僧眾，更應以喜捨布施為重要的修持法門。

佛陀在因地修行時，捨身首腦髓、國城妻子，奉獻給眾生，這種願行是多麼的難能可貴！千古以來的高僧大德為著求法、弘法、護法，不惜身命，前仆後繼，這種毅力是多麼的令人欽佩！由於他們的喜捨奉獻，不但促進佛教的發展，也成就了自己的道業。凡我佛光人具有承先啓後的使命，尤應發揚古聖先賢慷慨布施，不吝給予的精神。因此在第十二講裡，希望大家都能做到：

一、佛光人要給人信心

信心是力量的泉源，信心是人生的基礎。凡事只要信其可行，縱使排山倒海之難，也能迎刃而解。凡事只要信其能成，縱使鼎鑊加身之苦，也能甘之如飴。在佛教裡，信心更是成佛作祖，開悟見性不可或缺的條件。所以《華嚴經》云：「信為道源功德母，增長一切諸善法，滅除一切諸疑惑，示現開發無上道。」《心地觀經》云：「入佛法海，信為根本。」自己擁有信心固然十分重要，能夠布施信心，助人一臂之力，更是功德無量。

馬勝比丘的威儀莊嚴，使原本信奉外道的舍利弗對佛陀產生無比的信心，後來更成為佛陀十大弟子之一，助佛弘化；目犍連的諄諄教誨，使原本萬念俱灰的蓮華色女對人生產生堅定的信心，後來出家為尼，不久證得阿羅漢果；道安大師的善於教徒，使原本崇奉儒道的習鑿齒對僧團產生不移的信心，後來成為佛教的大護法；雲谷禪師的指點迷津，使原本抱持宿命觀點的袁了凡對佛法產生牢固的信心，後來精進學佛，改造命運。可見想要給人信心，自己必先具備慈悲耐煩、戒行俱全的美德。

披搭袈裟所為何事？弘法利生不是徒喊口號，而是在佛陀與信眾之間扮演好橋樑的角色。出家人唯有將佛法遠播，讓一切有情生起清淨的信心，發掘自我般若本性，才算是克盡己責。所以凡我佛光人應勤於至各地布教說法，以真理妙諦開展信徒的信心；應積極組織念佛會、禪修會，讓信徒體會修道的信心；應定期舉行獻燈、浴佛等大型法會，讓廣大群眾共同參與，培養他們對佛教的信心；應適時舉辦梵音樂舞、佛教文物展覽會，將佛教與藝術結合，以激發社會大眾對佛法的信心。

佛門既沒有豐厚的物質送給信眾，也不以濃烈的感情和信眾來往，但信心門裡有無限的寶藏，凡我佛光人應該以佛法真理給人信心，以修持體證給人信心，以感動事蹟給人信心，以真誠厚道給人信心。

二、佛光人要給人歡喜

人生最寶貴者，不是金錢物質，不是功名利祿，而是歡喜。人生若無歡喜，即使富甲一方，權傾朝野，還是沒有意義。所以真正的歡喜，不是外在的擁有，而是心靈的提昇。像顏回每日一簞食、一瓢飲，卻不改其樂；摩訶迦葉雖日中一食，樹下一宿，卻其樂無比；跋提王子出家後雖只有三衣一缽，但法喜無窮，有勝於皇宮裡的錦衣玉食，所以他經常大聲歡呼：「快樂啊！快樂啊！」柴陵郁禪師開悟時，失聲而笑，因為他終於找到自己的本來面目。

佛光山開山近四十年來，遠紹教主佛陀示教利喜的本懷，上承歷代祖師拔苦與樂的悲願，向以「給人歡喜」的信條戮力於弘法利生的工作。所以我們在世界各地遍設別分院，並非為了自己居住，而是要讓大家都能愉悅地體驗佛教的生活；我們在海內海外成立佛光會，也不是為了揚名萬世，而是要讓佛子都能歡喜地聯繫彼此的友誼。我們將殿堂布置得美侖美奐，將庭院打掃得整齊清潔，並非為了自己舒適，而是要令大家同感欣喜；我們安置莊嚴慈和的佛像，編印語體化的藏經，也不是為了給自己欣賞，而是要使大家都能歡喜閱讀；我們以親切的態度接引來者，以讚美的語言鼓勵信徒，並非為了自己的未來，而是想讓大家安樂自在；我們以佛法妙諦化導眾生，以衣物藥品濟貧救苦也不是為了自己的利益，而是希望大家身心喜悅。總之，我們禮敬一切眾生，必須以眾生的歡喜為我們的歡喜。

歡喜不但有感染力，而且是一種互動的情緒。回想數十年來，我將歡喜給予大家，大家喜笑顏開，欣悅的鼓掌也成為我最大的歡喜。一九九四年，天下文化出版社將我的日記摘錄出書，名為《歡喜人間》；後來，講義雜誌社又將發生在我周遭的故事連續刊載，名為「人間歡喜」，凡此均獲得莫大的回響，可見歡喜是人間至寶，給人歡喜是為人處世最根本的德行。

在諸佛菩薩當中，普賢菩薩以恆順眾生、隨喜功德來成就菩提；彌勒菩薩以善巧方便、快樂之道來培植福慧。此外，還有歡喜光佛、歡喜藏佛、歡喜德佛、歡喜自在佛、歡喜快樂佛、歡喜莊嚴佛、歡喜無畏佛、歡喜威德佛、歡喜王菩薩、歡喜念菩薩、歡喜意菩薩……都是以歡喜來證悟佛道，足證歡喜是最重要的修持法門之一。希望每一個佛光人都能立志作一個歡喜菩薩，讓佛光山所有的道場都成為歡喜道場，讓我們的信徒都成為歡喜信徒，大家都把禪悅法喜帶給家庭成員，帶到辦公場所，將我們的社會建設為一個歡喜社會，將我們的人間，建設成「歡喜人間」。

三、佛光人要給人希望

人，生活在希望當中。只要有一線希望，那怕是赴湯蹈火，犧牲性命，也在所不惜，這就是希望的可貴，所以我們要時時給人希望。

如何立身行事，才能做到「給人希望」呢？所謂「己所不欲，勿施於人」，「推己及人，兼善天下」，盡己所能，滿人所願，就是在「給人希望」。

信徒為何信仰佛教？因為他們希望擁有淨化的人生。

信徒為何來寺禮佛？因為他們希望在佛陀的加被下，福慧雙全。

信徒為何護持佛教？因為他們希望聖教興隆，正法永存。

信徒為何研習佛法？因為他們希望證悟真理，規劃美好的未來。

信徒為何親近出家人？因為他們希望能得到鼓勵指點，增加福慧安樂。

信徒的希望就是社會大眾的希望，我們弘法利生即是要針對大眾的希望來示教利喜。所以，佛光人應該將生活化的佛法傳播給社會大眾，因為落實生活就是實踐希望；佛光人應該將藝術化的佛教呈現出來，因為藝術與佛教結合才能美化希望；佛光人應該鼓勵大家皈依三寶，因為皈依三寶就是皈依自己的希望；佛光人應該勸勉大眾奉行五戒，因為奉行五戒就能圓滿人生的希望。

總之，希望不是虛幻的妄想，而是自我的期許；希望不是沙漠的豔陽，而是願力的促成。阿彌陀佛的四十八願、藥師如來的十二大願，在「給人希望」之中，莊嚴了佛國淨土；普賢菩薩的十大願王、彌勒菩薩的十種大願，在「給人希望」之中，成就了無上菩提。所以，常常「給人希望」的人，永不退墮，時時「給人希望」的人，志意堅固，盼我佛光人都能為眾生長燃希望的火炬，為佛教散播希望的種子。

四、佛光人要給人方便

遭受阻礙打擊是最令人苦惱的事情之一。像過去台灣一些公務人員以磨人為樂，尋常百姓到户政、稅務機關辦事，往往要跑好幾趟才能達到目的。此外，還有些人以損人為樂，例如大家想辦公益事業，就因為少數一、兩個土地持有人不肯合作，而功敗垂成。明明是一件很好的事情，偏偏因為一些人蓄意破壞而終止進行。凡此不但於事無益，甚且形成社會進步的絆腳石，誠為可惜！所以佛光人應該將心比心，處處給人方便。

古人有謂：「憐蛾不點燈，愛鼠常留飯。」這種將愛心普及一切有情的善行，就是「給人方便」。歷代佛教的高僧大德，如道運開鑿運河、明遠植樹防洪、曇融架設橋樑、明度助人渡河，這種種便利大眾交通的義舉，也是在「給人方便」。

「給人方便」看似利他，實則利己。像隋唐佛教之所以興盛蓬勃，寺院發展佛教事業，利濟蒼生，可說是主要的原因之一，例如：佛寺附設的碾坊、倉庫促進民生的發展；宿坊、車坊便利商旅的往來；義學、譯經提升社會的文教；僧祇戶、寺庫穩定國家的金融；病坊、當舖照顧貧者的需要……凡此「給人方便」的設施，都是公益措施的推行。變文、俗講、偈語等弘法方式的創新，佛圖澄、唐玄奘、劉秉忠等高僧大德輔政，對於國富民安也都具有莫大的貢獻。

以落實大乘菩薩道為目標的佛光山，自開建以來，一切的設施無非都是以「給人方便」為原則，例如：為了方便看護失怙的孤兒，設立育幼院；為了方便照顧無依的老人，成立養老院；為了方便國際弘法，開辦英文佛學院、日文佛學院等；為了方便信徒休憩，植花種樹，遍設座椅；為了方便大眾使用，設置會議室、會客廳；為了方便佛子學習佛化生活，在別分院成立金剛禪坐會、婦女法座會；為了方便民眾因應實際需要，在各道場開設各種技藝班級。「給人方便」不但是慈悲的流露，更是智慧的運用；「給人方便」不但是道德的實踐，更是思想的開拓。凡我佛光人應謹守「給人方便」的信條，發展現代化的佛教，讓一切大眾都能普受法益。

怎樣做個佛光人？在第十二講裡，希望大家在工作時都能遵守下列四項原則：

一、給人信心。

二、給人歡喜。

三、給人希望。

四、給人方便。

佛光人第十三講

人非生而知之，乃學而知之。在學習的過程中，有的人以古今聖賢為效法的典範，有的人以一句話作為自我勵志的格言。在佛教經典中，有許多至理名言，如《華嚴經》的「不忘初心」、《維摩經》的「不請之友」、《八大人覺經》的「不念舊惡」、《大乘起信論》的「不變隨緣」，都值得佛光人奉為座右銘。所以這一講的「怎樣做個佛光人」，就以這四句話作為佛光人自我健全之道。

一、佛光人要能不忘初心

世事無常，但我們的真心不變。眼看今日社會，許多人昨日信誓旦旦，今日完全忘懷；今日誓願發奮圖強，明日依舊懈怠，完全忘記自己所立的志向，失去自己最初的發心。如此之人，世間事情也必定難有所成，何況是三大阿僧祇劫的佛道修行呢？

《華嚴經》的「不忘初心」，是菩薩學道最須具備的精神，有的人雖然也想立志與聖賢看齊，但一遇到困難就會畏縮，改變信念。就如世間人，今年做工賺錢太少，明年改為經商；現在經濟蕭條，收入有限，明日改為教書；教書清苦，又再改換從政。一直換跑道，一直從頭再來，消磨歲月，浪費時光，到最後一無所成。

有人發願，不達目的死不休；有人誓言，學不成功誓不回。人生只要把路走下去，再遠的路總會走到目的地。

古今歷史上，多少的大德們往西天求法，寧可捐軀不回，也不會退心失念。很多的大德，為了護持寺院道場，遇到盜賊兵難，寧可與道場共存亡，也不退心他去。

古人既已發心，今忝為佛光人，縱遇挫折委屈，那也只是一時的，應該提起正念，想想我當初是何等發心，何等志向，何等歡喜的來山皈依、披剃，如此一想，初心當能提起，不致失落。

二、佛光人要做不請之友

一般人，都是需要別人請託才肯幫忙；受人請託，給予助緣，這很正常。但是佛光人，參與佛光山的萬千事務，結交百千萬數的道友，那能凡事都要常住交待、都要常住邀請？我們應該自我發心，做個《維摩經》中所說的「不請之友」，這才名為菩薩發心。

世間上，大部分的眾生都是各有緣份得度，但也有的眾生是由菩薩發心前往度化。當初一千二百五十名的弟子入道，並非人人自向佛陀求法，而是佛陀願做「不請之友」，為萬千眾生做得度因緣；觀音菩薩救苦救難，有時也是隨緣赴感。

平常社會上，多少人的自我推薦，甚至歷史上的「毛遂自薦」、「主動請纓」、「聞雞起舞」、「共赴國難」，都是不請之友。我們在常住發心，從事的雖是文教事業，但是慈悲善事，也可以助一臂之力；雖然所做的是總務、會計，但信徒的婚喪喜慶，也可給予隨緣祝禱。「人人做知客，人人都四十八單樣樣全來」，這是最好的風範；「拔一毛而利天下，吾不為也」，這是焦芽敗種。所謂「助人者，人恆助之；敬人者，人恆敬之」，你若不做「不請之友」，等到你需要人家幫助，何來因緣？

童子軍「日行一善，見義勇為」；我們效法菩薩發心，所謂「佛教興亡，人人有責」，怎能不把大眾事務列為僧信要職，怎能不人人都做「不請之友」呢？

三、佛光人要肯不念舊惡

經云：比丘無隔宿之仇恨。此即「不念舊惡」之謂也。

人都有一種劣根性，別人待我種種的好處，很快遺忘；別人有一事對我不好，就耿耿於懷，難以釋懷。好比向別人借錢，往往很快就忘記了；別人跟自己借貸，卻一直追討索還，不會忘記。佛光人與世間所不同者，就是心胸寬大，不念舊惡，如〈唐雎說信陵君〉文中所說：「人之有德於我，不可忘；我之有德於人，不可不忘也。」

所謂：人之恩怨，恩不能忘，怨不能不忘。總想到人生何處不相逢，相逢都在他日有緣中。假如結了怨仇又不忘舊惡，這樣的人生想要結交患難之友，是很困難的。

朋友不是，我是；朋友不對，我對；朋友不善，我善；朋友不義，我義，則庶幾無愧立足於天地之間。假如所有人等，學問道德都超越於我，人格情義也都超越於我，則我生存於人間，又有何體面？

我們的親戚故舊，甚至師朋好友，都不是聖賢，都有不周之處，我們應該寬厚原諒，因為自己也會有得罪於人的地方；如果每見他人之過，即念念難忘，則心底何能清淨？所以，人際相處，縱然舊惡如糞土污泥，只要我是一朵淨蓮，則世俗污染又何足懼。

四、佛光人要懂不變隨緣

佛光人在僧團裡，生活中一樣要吃飯、一樣要睡眠、一樣要工作；即使一般信徒在社會上，一樣要做人、要處事、要經營。我們不能離開社會，不能離開群眾，所以「不變隨緣」是我們的修行，也是良好的應世之道。

世間無常變化，人情冷暖，世態炎涼，但我們要有不變的真心，不變的原則；世間有新的發展，新的人事變遷，只要是好人好事，我們也應該隨緣隨喜。

不管世間有多少是非傳言，聲色貨利，佛光人要把持自己修道的原則，擇善固執，保持不變的立場。但對於慈善、有益社會大眾福祉的事情，我們也要隨緣喜捨，隨緣幫助，不要失去隨緣的美德。

所謂「菩薩」，能在佛國淨土「補處」，但也可以倒駕慈航在娑婆世界應化，甚至於地獄度生。「心淨國土淨」，好與不好，在於自己的修為。不是淨土，我們可以轉娑婆為淨土；不是善人，我們可以轉惡人為善人。至少我們自己心中是佛國，是善人。凡事不一定要求他人，重要的是自我要求。

所以我們佛光人必須能做到以下四點：

第一、如《華嚴經》說：對自己要能不忘初心。

第二、如《維摩經》說：對國家要做不請之友。

第三、如《八大人覺經》說：對朋友要肯不念舊惡。

第四、如《大乘起信論》說：對社會要懂不變隨緣。

佛光人第十四講

所謂「長江後浪推前浪」，佛光人在聚眾修學中，應該有不同於一般世俗的人生觀與處事原則，才不會隨俗浮沉。

如何才能不同凡俗，具有佛光人特殊的風格呢？茲舉四事如下：

一、佛光人要有以衆為我的認知

佛教最偉大的地方，是不以「我」為唯一，而以「眾」為主，所以經典云：佛道在哪裡求？在眾中求。

現在的民主時代，也是以眾意為所歸，以選票定勝負。佛陀曾諄諄教誨：「捨棄大眾，則捨棄一切諸佛。」當初的叢林，聚眾修學，六和僧團，也是以眾為本。即使受三壇大戒，也要在大眾僧團中求受。如受戒時，戒師問：「眾集否？」可見不集眾，是不能受戒的。

一般人大都只為自己，不重視他人；只管自己，不關心別人。大眾為體，大眾不存，自己又將依附何方？即使貴為國王，沒有人民大眾，何能稱王？身為長官，沒有部屬護持，何能為官？諸佛菩薩，沒有眾生禮拜，諸佛菩薩供在何處？

所以我們佛光人，要先安大眾，後顧自己；大眾都具足了，何愁沒有自己的一份呢？

當初佛陀一千二百五十人聚集的僧團，以戒安住，以定安身，以慧安心，以慈安眾。尤其今日的佛教，如果僧眾團結，就如同五隻手指握成拳頭，才有力量。如果僧團不像僧團，一人一寺，一人為主，沒有眾木何能成林？紅花雖美，也要綠葉陪襯。今日失去樹林和枝葉，如何能見雄壯的佛教原貌？

二、佛光人要有以無爲有的思想

世俗之人都過著以「擁有」為主的生活，有財、有家、有人、有情，一切都以「有」為中心。佛說「有情」以「有」來維持生命，但我們佛光人修道，則不一定以「有」為生命，「無」中的生命更大、更廣、更多，所謂「無窮無盡」也。

「有」不是不好，君子取財，取之有道，擁有很多的淨財，也不為過；有情有義，做人正直，「有」也很好。擁有房屋庭舍、名位權利，用於世間，也是正常人生。但是如果完全靠「有」來維持人生，則人生不能圓滿。佛說世間無常，一切的功名富貴、家人財產，在無常的世間，無常的人生裡，「有」不是唯一可恃的依據，所以「有」時也要常思「無」日。

所謂「有聚有散」、「有得有失」、「有來有去」、「有好有壞」；佛光人可以有道場、有群眾、有慈悲、有智慧、有佛法，並不為過。只是在世間上的擁有之餘，可以在「無」中再討一些消息。所謂「有求那有無求好」，「有心那有無心高」。做官的人要知道無官一身輕，以無事為逍遙；在僧團裡，不必為名位而爭，不必為床位計較，不必為人我煩惱，「無事相，絕百非」，是何等逍遙；「無法相，無非法相」，是何等自在。

我們只要不把世俗的人我是非、錢財聚斂貪婪的欲望放在心上，過一種隨緣為法，淡泊樸實的生活，把心歸於無量的虛空、無邊的法界裡，則人生何處不是春天呢！

三、佛光人要有以退爲進的雅量

世俗的人都想往前進步，往前衝鋒，及至前無去路，知道回頭還好，可惜世間有幾許人懂得回頭是岸呢？

前進不是不好，求學要進步、做事要進步、做人要進步、修行也要進步。「進步」不是橫衝直撞，也不是一味向前，所謂進步，做事必須開闢道路，才能進步；讀書必須聞修思惟，才能進步。

語云：「手把青秧插滿田，低頭便見水中天；心地清淨方為道，退步原來是向前。」人生知道回頭，也能有另一番風光。所以有人說：「進步那有退步高」。俗諺也說：「大丈夫達則兼善天下，不達則獨善其身。」同樣的，身為佛光人，有緣可以多做佛事，多度眾生；無緣，可以自我沉潛，自我養深積厚，也不失為修行之道。

人生的欲求是無限的，有了一，想要二；有了千，想要萬；有了錢財，想要官位；有了妻妾，想要添宅。而世間有限，欲望無窮，不如只問耕耘，不問收穫，人生無欲無求。來的讓他來，去的讓他去，得也不喜，失也不憂。「有」固然好，「無」也不掛懷；能夠「以無為有」，還有什麼不能放下的呢？

四、佛光人要有以空爲樂的觀念

人在世間，都希望追求快樂，有人以擁有金錢為快樂，但是「人為財死」，錢財多了就會快樂嗎？有的人一心追求愛情，愛情裡也含藏了多少的悲歡離合。有的人以擁有權位為樂，但是爬得高，跌得重，尤其許多為官者，毫無尊嚴，不知何以為樂？有人以事業為樂，遇到經濟恐慌，日日憂心，快樂在哪裡呢？

所以，我們應追求真正的快樂，擁有慈悲最快樂，明白因果最快樂。擁有法財才能快樂，擁有道情才能快樂，擁有佛心才能快樂，擁有佛法才能快樂，這一切就是說明「以空為樂」。何必計較一房一舍，虛空都是我的；何必計較一人一物，天地都是我的。「以空為有」，空中生妙有，不是更快樂嗎？《般若心經》說：「照見五蘊皆空，度一切苦厄。」空，既然能度一切苦厄，又怎能不給予萬有之樂呢？我們最大的苦惱愚痴，就是把「有」與「空」分成兩個，所以「執有拒空」；殊不知「色即是空」，「空即是有」，能夠懂得「空有不二」，才是快樂人生。

佛光人不要以世俗的知識，隨世間左右，應該超出世間的五欲六塵，甚至超越空有，來求取另類的人生，增加未來的成就。要成為不同凡俗的人，必須做到這四點：

第一、佛光人要有以眾為我的認知。

第二、佛光人要有以無為有的思想。

第三、佛光人要有以退為進的雅量。

第四、佛光人要有以空為樂的觀念。

佛光人第十五講

佛光人不是個體，是一個總體。總體的佛光山、佛光會、四眾弟子，我們都給予定名曰：「佛光人」。

佛光人的作為，不可以只為個人的福樂打算；凡有所作，總要想到團體。佛光人不能孤芳自賞，應該顧到團隊精神；佛光人應有大我的觀念，應有共同的法則、制度，共同所信，共同所依，才能共創「人間佛教」。

所以，怎樣做一個佛光人，在第十五講裡，茲舉四點如下：

一、佛光人要發揮集體創作的成就

世界上許多事都講究團隊精神，發揮集體創作的成績，如一場籃球賽，是團隊的勝利，不是個人的勝利。一場足球賽，不是靠那一個人把球踢進去的功力，而是結合助攻者，包括前衛、後衛、守門員等，大家共同努力，才能進得一球，才能取得勝利。一份報紙，有多少記者編輯的辛苦；一齣連續劇，要有多少演員共同的賣力演出。當然，我們六和僧團，所有的成就，也都是集體創作。這已不是一個「一將功成萬骨枯」的時代，這是一個榮耀福緣共用的時代。

一場法會的莊嚴，是所有參加的人步伐整齊、隊形美觀共成；一場梵唄讚頌，是許多和合的音聲，才能感動人心。即使大將能幹，沒有兵卒，又如何能克敵致勝？所以佛光人不個人居功，凡事不是個人所成，乃大眾集體創作的成就。

靈山會上，百萬人天，佛陀的托缽行列，千二百五十人眾。叢林的建築，都是四眾弟子所成；山林的開闢，都是大眾的努力。從事教育的人，開展了文化的內容；從事文化的人，增加了教育的題材。慈善人士，增添了佛教的榮耀；佛教的傳承，凝聚了散漫的個人。所以不容置疑，這是一個集體創作的時代。

二、佛光人要堅守非佛不作的信念

對於初學佛的人，師長都鼓勵他要發菩提心。所謂「菩提心」，就是「上求下化」；對上，要「上求佛道」，對下，要「下化眾生」。上求也好，下化也好，總有作不完的佛事，因為這是一個五趣雜居的世間，這是一個聖凡相融的地方，稍有不慎，修行、作務、信仰都會走了樣，因此我們為佛光人定出「非佛不作」的信念。

佛教要「人間化」，要「事業化」，但更重要的是「佛教化」，不能「世俗化」。開辦學校，推廣教育，不能以圖利為本；創辦醫院，救人一命，不能金錢至上。可以開設素食餐廳，可以創設果園農場，但不能殺生營業，不能唯利是圖；可以養牛擠奶，但不能養牛宰殺；可以養狗守門，但不能養狗捕兔。

古人有「不拜佛，不妄行一步；不看經，不隨便點燈」的行誼，這就是所謂「非佛不作」的信念。我們佛光人在世間求生，也有求生的原則，此一原則就是「非佛不作」。能夠光大佛法的文教慈善，當然應該興作；弘法利生的事業，更應有所作為。據聞有些不肖之徒，販賣土地，建屋租賃，兜售水果，開發公司，此非佛光人所應作，切記「戒之！戒之！」

三、佛光人要認同制度領導的精神

自古以來，許多佛教道場，人在法在，人亡法亡；苦心建設道場，只知個人領導，不知付諸大眾，建立法制制度。因其平時沒有法規、制度，一旦百年往生，弟子徒眾爭名奪利，怨聲四起，致使一個名剎道場，隨著世俗沒落、潦倒。

佛教的寺產、法物、土地、人眾，均為寺院所有，舉凡「佛寺」、「佛物」、「佛地」等，皆為教產，應歸制度管理，應為大眾所有，任何個人不得紛爭。

中國千年的古剎，能為人稱道者，如天童、高旻、金山、寶華，皆無私人敢起意染指，一切都訂有制度。天童有天童的制度，高旻有高旻的規矩，一個團體道場的訓練，必須從大眾遵守制度做起。制度是共遵的規矩、規約，例如既已出家，早課晚課，不可懈怠；安居寺院，不輕易外出；不可串寮閒話，一人應擁有衣物幾許，為常住貢獻勞作作務幾時等，一切皆有規定，不可任意要求特權，更不可任意修改或破壞。不遵守制度，大眾有樣學樣，如此容易導致道場的衰敗，終至不可收拾。

四、佛光人要遵從唯法所依的準則

偉大的佛法，光是一個「四依止」，就足以令人崇之敬之。

所謂「四依止」：一、依法不依人。二、依義不依語。三、依智不依識。四、依了義不依不了義。

此四依止，尤以「依法不依人」最為究竟，最為偉大。依人，人有生老病死；依人，人有來來去去，所以最好是「依法」。八正道是法，六和敬是法，四弘誓願是法，六波羅蜜是法，乃至五戒十善是法，三壇大戒是法；佛光人須依法所行，依法所為，不出法外，不出法規。人若有法，人高；事若有法，事貴。正如《金剛經》所云，佛法所在之處，即為有佛。不管是個人或團體，如果不依法，無規矩則不能成方圓；不依法，無制度則不能獲得大眾的尊重。

什麼是法？因果是法，不依因果，即為不信之人；慈悲是法，你不慈悲，即非佛教之人。法，不是用來束縛我們，法是用來規範我們，使我們有方向、有光明、有希望；反之，即非出家學佛之所願了。

苦海不依船筏，暗夜不依光明，有如不依法，可見其危險。今日一些青年，不依常住，不依宗風，不依倫理，不依長幼，任意披搭法衣，藉佛為名，浪蕩逍遙，時光迅速，他日一無所成，再想回頭，找尋所依，已經失去依怙，所謂「袈裟下失卻人身」，真是悲哀！

綜合以上四點，佛光人既然發心學道，應該學正派，完成誓願，平時融和大眾，清淨自守，耐煩學道，不可隨便見異思遷，更不可做佛光人的逃兵，否則韶光蹉跎，驀然回首，已後悔不及。所以佛光人應該做到：

第一、佛光人要發揮集體創作的成就。

第二、佛光人要堅守非佛不作的信念。

第三、佛光人要認同制度領導的精神。

第四、佛光人要遵從唯法所依的準則。

佛光人第十六講

佛光人在世間，和世間上的人一樣，要讀書、要生活、要工作、要修行；平時講究做人處事，同時也講究修行辦道。佛光人要以出世的思想，做入世的事業，佛光人不能遺世獨立，離開生活之外，別無佛道可求。有關佛光人如何立身處世，如何生活修行，茲列舉四點意見，供佛光人參考。

一、佛光人在生活上要隨遇而安

出家人本來就是「一缽千家飯，孤僧萬里遊」，到處都能「隨遇而安」。我們佛光人，在常住出家剃度，有時在學院修學，有時在禪堂打坐，有時在淨業林念佛，有時在別分院輪職。今年此間，明年彼處，時而典座行堂，時而法務社教，所謂叢林四十八單職事，再加上現在數百道場，要能有雲水精神，接受常住的調遣，不管哪裡，只要隨遇而安，什麼地方都好。

在本山居住的佛光人，有時沉潛修學，有時在都市弘法。有時陸沉經海，編藏為法；有時講學宣教，弘法利生，這一切都必須有隨遇而安的性格，才能安住身心。想到過去古人在蝸牛角上還能大轉法輪，文偃禪師在牛糞堆裡還可以乘涼，我們佛光人今日在全世界，數百禪林，只要遵守制度，努力學習，具備道場需要的功能、條件，何處不可安身？

佛光人切忌粗心妄動，稍一情緒不穩，一失足真是成為千古恨。青年學子最忌「此山望見彼山高，到了彼山沒柴燒」；也忌「見異思遷，沒有定性」。千年古木，不能矗立一地；日月星辰，不能依序運轉，其結果可以想像。

二、佛光人在修行上要隨心增上

語云：「學如逆水行舟，不進則退。」修行又何嘗不是像車船一樣，不進則退。我們既已學道，就要對修行日有所進，日有所長。省庵大師在〈勸發菩提心文〉中勉勵我們，每日要檢點自己的功過多少？例如，我的慚愧心增加了沒有？我的忍耐力增加了沒有？我的反省心增加了沒有？我的慈悲增加了沒有？凡此每日二六時中，五堂功課，修行上的道念，都應該隨心增上。

三學有增上嗎？十二部經都有研讀嗎？父母親人有為其榮耀增光嗎？信徒大眾有為其慈悲指導嗎？每日舉心動念，所有行為，都能對得起常住三寶，對得起自己的良知信念嗎？

過去的禪淨學人，在修行上要不斷的考功：「是日已過，命亦隨減」，我們在日常生活中的行住坐臥，禪淨密行，能不隨心增上嗎？

六祖大師雖然在獵人群中，不忘所悟；神會大師雖然離開師門，不忘為六祖大師定位。歷代高僧大德中，如大慧宗杲、大覺懷璉、憨山德清、雲棲袾宏等人，雖然被迫還俗，但心中還是念念不忘要重回佛門。

在寺院道場的齋堂裡，會看到寫著幾句話，如：「五觀若明金易化，三心未了水難消。」「吃現成飯，當思來處不易；說事後話，應防當局者迷。」這些都是在警惕我們的身心行為。

三、佛光人在社會上要隨緣不變

佛光人也是社會的一份子，為社會盡心盡力，要義不容辭。歷代禪師大德們，諸如一九三九年太虛大師環繞地球宣揚國威；樂觀法師組織僧侶救護隊，救護戰場中的傷患，都是值得效法的典範。

近年來，佛光山曾經發動會員到高雄壽山公園植樹救水源，國際佛光會經常在各都會、地區舉行掃街運動。一九九九年，台灣九二一大地震，佛光山僧信大眾在亂瓦堆中救生恤死，為災民準備餐點。乃至每次的風災、水災，佛光人也都率先到現場，為社會盡力服務。還有，新航飛機失事，二〇〇一年美國九一一世貿大樓遭受恐怖份子攻擊，佛光人也都跨海到新加坡及美國，為他們超生渡死。

此外，佛光山文教基金會為百萬兒童舉行生活考試、圖畫考試，在海內外成立一百多個童軍團，包括女童軍、幼童軍，投入社會，提供服務；人間佛教讀書會在海內外成立二千餘個讀書會，帶動讀書風氣，這也是社會服務的一個項目。

自古以來，禪師們都非常重視生活的勞動和服務，如石霜篩米、雲巖作鞋、臨濟栽松、仰山牧牛、雲門擔米、玄沙砍柴、趙州掃地、雪峰斫槽等，這不但是一種對社會的服務，更是高僧們所顯現「隨緣不變」的生活態度。

四、佛光人在處事上要隨喜結緣

在世間上，難事千千萬，例如讀書難，但是只要有老師教導，慢慢的循序漸進，讀書也不難；吃飯難，人人都有自家的長輩，總會為我們準備好三餐，所以吃飯也不難，人生最難的是做人處事。

做人難，人難做，難做人；處事難，難處事，事難處。人如果沒有經過相當的時間、歲月，淬取經驗，不容易學會做人處事。有些佛光人出家學佛，自尊心比人強，自大心比人高，總好像自己代表了真理，在做人處事上就更難了。如語言上不夠慈悲，態度上不夠親切，甚至一個動作，一個手勢，一個眼神，都容易得罪他人，連失去身分，自己都不知道。尤其說話不知輕重，談吐沒有常識，待人不知施予愛語，做事不多一分勤勞，落人口實，招人批評。如果服氣，改過自新還好，但多數人不服氣，心生怨懟，更加招人不喜，因而惡因惡緣循環，很難獲得修行的法喜。

所以，佛光人初學不可以選擇工作，也不要選擇地方，更不宜要求人事，應該自己先做雜務，服各種苦勞，接各種苦事。其他各單位之人事等，也都要主動去親近，自發去學習。能這樣隨喜結緣，必定受大家肯定，未來必定到處受人歡迎。

所以，初學的佛光人，要注意自己的立身處世，希望受人肯定，應該做到以下四點：

第一、佛光人在生活上要隨遇而安。

第二、佛光人在修行上要隨心增上。

第三、佛光人在社會上要隨緣不變。

第四、佛光人在處事上要隨喜結緣。

佛光人第十七講

佛陀如果沒有六年的苦行，那有菩提樹下、金剛座上頓悟的一刻？十大弟子如果沒有經歷各自的苦難，何來道業的成就？南陽慧忠國師，居山四十年；東林慧遠大師，三十年不出廬山。禪門諸祖所受的屈辱難堪，都成為他們弘道的資糧，成就了莊嚴的聖格。

佛光人除了效法古德先賢的刻苦自勵，我再以松、梅、蘭、菊的特質，提出四點勉勵大家。

一、佛光人要像千年老松：禁得起歲月寒暑的遷流

松樹是世間上較為長壽的植物，因為它禁得起歲月寒暑的遷流，所以長

得又粗又高，因此常有人用它來比喻老人的壽命，為人祝壽時也常說：「福如東海長流水，壽比南山不老松」。

我們能像山中的老松，挺立在山林水邊，年年月月，風霜寒暑，終不枯萎，一直展現它的生命，向有情世界驕傲的宣示它的韌性嗎？佛光人應該有像千年老松的生命力，不怕路遠，不怕年久；如禪師們，寒冷的時候到寒冷的地方去，炎熱的時候到炎熱的地方去，能夠承受得起寒暑歲月的遷流。果能如此，我們的道業、學業、事業，還怕不能有所成就嗎？我們不能安住於崗位，不能經過人情世故的洗鍊，沒有時間歷史，如何能養深積厚呢？

讀書的人要經過十年寒窗苦讀，練武的人要歷經數十載的熬練筋骨。如果能在禪堂裡一支香、一支香坐下去，十年、二十年不動；在藏經樓上，閱藏讀書，八年、十年的精進用功，甚至陀頭行單裡，有你三十年的道行，何患大器不能晚成？

速食的力度不能持久，速成的物品不能耐長。日本有一位僧侶，總是嫌中國的僧侶學術不夠深厚，當他在天童寺見到一位老人，問他多少歲？答曰：「八十歲」。又問：「所任何職？」答：「典座飯頭」。再問：「做了幾年？」他說：「六十年了。」聽了這一句話，日本僧侶不得不合起掌來，深深敬禮。

六十年的安心，一甲子的飯菜結緣，不成道者，幾兮？所以，才可以和千年老松相比，才能不計歲月的遷流。人生就如馬拉松的跑步，要靠生命的耐力，走得愈久、愈長，才能有成績。

二、佛光人要像嚴冬臘梅：受得了冰天雪地的考驗

詩云：「不經一番寒徹骨，焉得梅花撲鼻香？」梅花經過嚴冬的冰霜雨雪，愈冷愈開花。這是說，人要能禁得起考驗，不要因為環境的壓力而動念改變自己的心志。一個青年學子，在叢林參學，無情的打罵、無理的委屈，要能禁得起、熬得過，才能被老師詡為僧才。像禪宗二祖慧可的立雪斷臂；像浮山法遠，一盆水澆不熄他求法的進取之心。再如六祖惠能的「侮辱不以為恥，迫害不以為意，卑屈不以為賤，艱難不以為苦」；密勒日巴愈歷苦難，愈受挫折，愈快成道。乃至諸佛菩薩，修行要歷經三大阿僧祇劫，都不以為遠；修行成佛要歷經千生萬死，更不以為苦。這些都是我們佛光人學習的典範，應該時時以此自我砥礪。

世間上，美麗的花兒雖多，大都禁不起寒冷；能幹的人才雖有，大都禁不起挫折。我們自出生以來，受到父母的呵護，在愛的培養下成長，但是要想成材，就必須面對嚴格的訓練，如果我們禁不起千錘百鍊，大死一番，如何能脫胎換骨，如何能成就一生功業呢？

一朵梅花，芬芳遠揚，也是要經過冰雪寒霜的考驗；花的種類雖多，但如梅花獨傲枝頭，就不容易尋找了。佛光人應該有這種志氣，當發如是願，才不愧立足於天地之間。

人生在世，挫折委屈，侮辱傷害，可以說無處沒有，就像雨雪霜寒，終有季節的考驗，如果頂不住外境打擊，就會自己倒下來，過不了冬，撐不過嚴寒。假如能遭受挫折不以為苦、受到侮辱不以為意，把苦難當成營養，把傷害視如甘露灌頂，在叢林裡安住，與眾和諧相處，反能如梅花吐露芬芳。叢林裡的四十八單職事，行行都能，就像十八般的武藝，樣樣精通，將來久經沙場，成為一個有苦不覺得苦，有難不覺得難，做一個不受情緒左右的佛光人，如此，則何患不能成就一番功業呢？

三、佛光人要像空谷幽蘭：耐得住清冷寂寞的淒涼

往昔的僧侶，割愛辭親，出家學道，或者深山叢林居住，或者山林水邊苦行，或是獨自茅屋清修，或是身單影隻雲遊參訪，既無群眾，又無供養，沒有人情的溫暖，沒有食住的方便，像空谷幽蘭，只寂寞的在山壁上成長，直到空谷飄香方為人所知，那是要經過多少淒涼歲月的熬練呀！

一個人一時的不得志，不必氣餒；人生需要培養許多因緣，才能大器晚成。陽光、空氣、水分，如果少了一些因緣，即使你是很好的種子，也不能發出蘭花的清香；所謂「千錘百鍊」，要待機緣成熟，百花燦爛，才有芬芳。

就像雪竇禪師「陸沉禪堂」、道安大師「力役田舍」；又如唐朝的慧熙法師

「衲衣一時」，等待因緣；承遠法師「人疑僕從」，他也不計較，這些大德的行誼，正如蘭花，慢慢的散發他們的芬芳。

人，最怕的是高不成低不就，尤其滿瓶不動半瓶搖；當一時的時機因緣不具，不必強行推銷自己，更不必急於出頭，正如黃金鑽石，不要急於求售。做人如果能像玫瑰薔薇種於市街道旁，當然很好，只是價值有限，不若幽谷蘭香，更為高貴。

姜太公八十歲才遇文王，神鼎諲禪師隱居南嶽二十年才被推舉出來當住持。青年人不要太過炫耀一時的才華，是真的珠寶鑽石，不怕沒有人識貨。

「蛋未孵熟，不要妄自一啄；飯未煮熟，不要妄自一開。」做人要耐得住，要等得及，就像醃菜，時間愈久，愈是甘美；又像醬瓜，封口愈是緊密，愈是清脆。黃龍禪師說：「道如山，愈飛而愈高；道如地，愈行而愈遠。」在學道的路上，我們要能像古德，不急於出頭，要像空谷幽蘭，發出自然的芬芳，但也不必孤芳自賞。一盆蘭花置於庭院，雖不豔麗，但是百花必然尊敬他的品格；溈山禪師願做一頭老牯牛，為眾生服務。假如我們願做一盆幽蘭，散發芬芳，供養十方，不也是同等的貢獻嗎？

佛門的隱居、閉關、禁足、自修，都是讓時間來醞釀；能夠等待因緣成熟，龍天推出，適時弘法利生，自能如空谷幽蘭，散發真理的芬芳。

四、佛光人要像秋天黃菊：熬得過寒霜雨露的摧殘

「荷盡猶有擎雨蓋，菊殘猶有傲霜枝」，所以周敦頤愛荷，陶淵明愛菊。佛光人受人尊重，不在於你的成就多麼輝煌、偉大，而是佛光人有「忠臣不事二主，烈女不嫁二夫」的節操：正如菊花，即使，榮華過去，花葉殘敗，

它的枝幹仍頂立不屈，向風霜雨雪展現傲然不拔的個性。今日的社會，像牆頭草，東吹西倒；像蔓藤到處依附，到處攀爬，不計是非利害。佛光人要像秋天盛開的黃菊，展現它的雍容華貴，固然是其本性；即使歲月和氣候的變化，摧殘黃菊，葉落枝枯，它仍然在風中頂天立地。

古人說：「大丈夫達則兼善天下，不達則獨善其身。」唐朝韜光禪師「不赴俗筵」，宋朝無德禪師「八請不赴」，元朝世愚法師「廢寺隱居」，明朝無聞聰禪師「久處深山」。就算是佛陀，他也是「有緣佛出世，無緣佛入滅；來為眾生來，去為眾生去。」因此我們佛光人不必羨慕榮華富貴，不要見異思遷，要像黃菊保護自己的晚節，才不負一生之勤勤懇懇，佛光人的貢獻，也才能全始全終。

這一講的怎樣做個佛光人，以植物的四點特性來勉勵佛光人。這四點是：

第一、佛光人要像千年老松：禁得起歲月寒暑的遷流。

第二、佛光人要像嚴冬臘梅：受得了冰天雪地的考驗。

第三、佛光人要像空谷幽蘭：耐得住清冷寂寞的淒涼。

第四、佛光人要像秋天黃菊：熬得過寒霜雨露的摧殘。

佛光人第十八講

佛光人有許多是青少年即入道，很早就離開父母、家庭的教育，也離開師長、學校的教育；可是教育是終生的，所以必須緊緊的記住：佛光人的教育是終身的自我教育。

所謂「自我教育」，是不要要求別人，而是要求自己；要向自己學習，不一定向外攀緣。茲以四點意見，提供給佛光人參考：

一、佛光人要自我觀照，反求諸己

每個人都有眼睛，卻都是用來看別人；看得到別人，看不到自己，所以凡事只知要求別人，不知要求自己。

因此，佛光人要學習「自我教育」，就是要自我充實，不要只想依賴別人，平時常自問、自覺、自發、自悟，一定要靠自我的觀照，才能找到自己。

「靜坐常思己過，閒談莫論人非」，這是佛光人首先要有的修養。例如「自我認錯」，凡事覺得別人都對，錯的是自己；「自我改革」，對於革除自己的陋習，要毫不留情；「自我更新」，要懂得與人為善、從善如流。如儒家所說：「君子十目所視，十手所指」，這就是最好的自我教育。

佛教講「勤修戒定慧，息滅貪瞋癡」，不是要求別人不可以貪瞋癡，而是要自己不貪、不瞋、不癡；佛教講布施、持戒、忍辱，不是叫別人布施、持戒、忍辱，而是自己要布施、持戒、忍辱。所有佛法都是先有「自受用」，有了自受用才能以身教、言教去利益他人，發揮弘化利生的「他受用」。

我們佛光人要想出人頭地，不可以流於只認識別人，而不認識自己。看到別人有，不必嫉妒，也不必自怨自艾，這必然是自我有不足的地方，應該反觀自己，我缺少了什麼？別人受人擁戴，到處作大佛事，也不必怪人情不周，覺得光明沒有照耀到你。須自我觀照，自我反省，問問自己的條件，是否差了什麼？即使自己的能力、學問，超過對方，也要反省自己的福德因緣，能和人一比嗎？所以，人比人，氣死人；只有像觀自在菩薩，能夠反觀自己，了然自己，才能獲得自在。

人的缺點，大都是苛求別人，寬待自己；對自己的錯誤都能諒解，也不去改善自己的缺陷，增加自我的能力，所以不容易進步。假如反求諸己，自問自己的學問進步了沒有？自己的能力增加了沒有？自己的發心擴大了沒有？自己的道德昇華了沒有？凡事反求諸己，自然能得到別人的肯定。

我們生存在大眾團體中，不患無位，患所以立。自己的條件不夠，縱使藉助他人的提拔，總是高處不勝寒，還是不能安於位。反求諸己，就是要求自我的建設，自我的增加，自我的成就，所謂「實至名歸」，才能應付各種境界，而安住身心。

叢林裡有謂「滿瓶不動半瓶搖」，自我的火候不夠，光在人我的境界上比較、計較，只有苦了自己，於事無補。曾子說：「吾日三省吾身」；佛陀說：「時時觀照自心」。從古到今，沒有一個成功立業的人，只要求別人而不自我觀照，反求諸己。我們佛光人大都生活在團體裡，如果每天都是吹毛求疵，苛求別人，不肯反求諸己，自己的道業如何能成就呢？所以佛光人要想出人頭地，要在大眾中受人肯定，必須時時檢點自己，把自己做好，把今天做好，把事情做好；只有自我健全，才不會為人所詬病。

二、佛光人要自我實踐，不假外求

世間法都是向外追求，求名求利、求升官、求權勢；但外境是無常的，縱然達到所求，也只是過眼雲煙，很快就會過去。即使是幼年登基做皇帝的康熙、乾隆，也不過數十年的光陰，江山易人，一切都不是自己的。世間上的人追求財富，有了財富，親情朋友反而疏離；有了權位，知心之交又有幾人？追求愛情，煩惱也同時增加。

佛教不是否定世間，不是不重視人間的擁有；佛教告訴我們：世間凡所有相，皆是虛妄，我們不要被世間的假相所矇蔽。尤其我們學道，是為了追尋自我的真如自性，找尋自我真實的生命，如果只在心外求法，不能看透如夢幻泡影的世間，沒有實踐佛法的要道，到了大限來時，就只有空自嘆息了。

所謂「自我實踐」，在禪修的生活裡，我純熟了沒有？慈悲的美德，我具備了多少？智慧的靈巧，我體會了嗎？自在解脫的生活，我擁有了沒有？五欲六塵的貪念，我都能放下嗎？貪瞋愚痴的邪見，我都能根絕嗎？懶惰懈怠的過失，我都能改進嗎？煩惱妄想的烏雲，我都能撥開嗎？

在修道的過程中，如果沒有自我的實踐，只是要求別人；別人擁有了，但別人的不是我的。在修行的過程中，我們看到外境繽紛的假相，雖然炫麗耀眼，但那都不是我們的。所以佛法講究的是自我開悟、自我實踐。

有一分的修行，就有一分的功行；有十分的修行，就有十分的功力。凡事不必怪別人不好，只要自己對佛法有了真實的體驗、真實的實踐，如此，在自我的世界裡，柳綠花紅不是一時的，風光明媚的春天會永遠在自己的心裡。

三、佛光人要自我更新，不斷淨化

如果不是上等的根機，要進入頓超法門，當生成就，自是不易；但只要不斷的淨化，不斷的自我更新，「人一能之，我以十之」，也不必自慚道行不能成就。周利槃陀伽「拂塵掃垢」，也能有所成就；神秀大師的「時時勤拂拭」，也是一代宗師。

「佛法無量義，一以淨為本」，淨土、淨地、淨人、淨事、淨財、淨慧、淨德、淨居，儘管自己無才無力、無名無位，但我們千萬不能少了淨化的修行，因為不斷的淨化，才會有不斷的自我更新。

更換新居時，多麼令人高興，可是我們自己內心的新居在哪裡呢？必須靠自己的辛勤耕耘。衣服不洗乾淨，穿在身上不舒服；我們的身心裡多少的污穢、自私、嫉妒、執著、怪僻、無明、邪知，這許多垃圾、不淨的東西盤據，又怎麼能與佛道相應呢？

商湯〈盤銘〉：「苟日新，日日新、又日新」，儒家學者尚且不斷的更新。梁啟超說：「今日之我不惜與昨日之我宣戰」，也是在不斷的自我更新。佛門晚課常念：「是日已過，命亦隨減」，這不只是慨嘆生命時光的消失，也有要求我們積極更新未來的前途之意。

古人修行時，都訂有功過格，在不斷修行、不斷淨化的修行中，檢討自己每日的語言、思想，是功是過？發現自我有否更新、有否淨化？陶淵明在〈歸去來辭〉中有句名言「覺今是而昨非」；慈航法師遺囑說：「奉勸一切徒眾，時時反省為要：每日動念行為，檢點功過多少。」希望我們佛光人在日常生活中，也能不斷的自我更新，不斷的自我淨化。

四、佛光人要自我離相，不計勝負

世間之相，有勝負之相，有你我之相，有善惡之相，有大小之相。相，讓我們計較；相，讓我們迷惑；相，讓我們執著。我們修行入道，若要超越凡情，最重要的，就是「自我離相」。

能自我離相，則儘管世間有多少的執著、多少的是非，都自然能遠離。只要我們穿透假相，還歸原來的面目，則世間所有的勝負、差別、爭執，也就自然會消弭。好像木柴，長短、大小，一把火都同歸於盡，那裡還有長短、大小呢？又如一杯水、一盆水，投之於大海，融合在一起，那裡還有什麼大盆、小杯之相呢？

所謂「水乳交融」，什麼是水相？什麼是乳相？我們佛光人必須講究同體共生、講究集體創作，等於一個泥團，你中有我，我中有你；等於一碗菜，煮熟了以後，我中有你，你中有我。一棟房子，那裡有沙石、磚塊、木頭之相，只是房子，眾緣所成，此中無你無他，只是一合相。《金剛經》說：「一合相，即非一合相，是名一合相。」此中意義，實堪我們修行之人好好玩味。

所以，佛光人如何自我教育，如何自我成長？僅以四點提供大家參考：

第一、佛光人要自我觀照，反求諸己。

第二、佛光人要自我實踐，不假外求。

第三、佛光人要自我更新，不斷淨化。

第四、佛光人要自我離相，不計勝負。

二○○三年國際佛光會理監事會議於巴西聖保羅召開

佛光會員的宗旨

(一)秉承佛陀教法，虔呈恭敬三寶；弘法利生，覺世牖民。
(二)倡導生活佛教，建設佛光淨土；落實人間，慈悲濟世。
(三)恪遵佛法遺制，融和五乘佛法；修持三學，圓滿人格。
(四)發揮國際性格，從事文化教育；擴大心胸，重視群我。

佛光會員的宗旨

一個組織的宗旨最為重要，因為它代表該組織設立的主要目的，也是每一位成員所應努力完成的使命，所以各位既然參加佛光會，首先應該了解本會的宗旨。

國際佛光會的宗旨可以歸納為下列四點：

1.秉承佛陀教法，虔誠恭敬三寶：弘法利生，覺世牖民：佛、法、僧三寶是我們信仰的中心，也是超越世間的聖財。三寶的利益無窮無盡，佛如光，能圓熟眾生，是人間的救主；法如水，能滋潤眾生，是人生的真理；僧如田，能植福種德，是住持正法的善知識。三寶能長養我們的法身，是我們慧命的家園，唯有仰仗三寶的加被，乘此寶筏，勇渡苦海，才能找到安身立命之處。因此佛光會員最基本的修持，就是要恭敬三寶，具足正知正見。

佛光會員為共成佛道而聚集在一起，所以我們要努力弘揚佛法，利益眾生，因為唯有讓世人了解佛教的教義，才能徹底解決人間憂苦，造福社會人倫；唯有悲智雙運，熱忱助人，才能自他兼濟，得到究竟安樂。

2.倡導生活佛教，建設佛光淨土；落實人間，慈悲濟世：佛陀出生在人間，修道在人間，證悟在人間，弘法在人間，乃至佛陀所宣說的教義也都是以人為本的人間佛教，所以我們追隨佛陀示教利喜的本懷，應該將佛法落實人間。

經云：「佛法在眾生中求。」六祖惠能大師也說：「佛法在世間，不離世間覺，離世求菩提，猶如覓兔角。」佛法和生活不能分離，一旦離開生活，佛法也就失去了意義！然而不知曾幾何時，佛法被人矯枉過正，以致悖離日常生活，不但不能使人得到佛法的好處，反而令人望而生畏。例如：夫妻被視為冤家，兒女被說成討債鬼，金錢被喻為毒蛇，名利被講成糞土，將一切的功德回向往生他方淨土，將一切的希望寄託於來世。其實菩提眷屬正可以在佛道上互相扶持，淨財越多越能做更多的佛教事業，正當的名利可以激發人們見賢思齊的上進心，現世的安樂應該重於死後的利益。

尤其在今日，越黑暗的世界越需要佛法的光明，越動盪的時代越需要佛法的安定，越紛亂的國土越需要佛法的清淨，越悲苦的生活越需要佛法的喜悅。凡我佛光人應秉持佛陀的慈心悲願，首先在個人的生活上，以佛法為指南，進一步推展至家庭成員，建設佛光人家，繼而分享鄰里，建設佛光社區，冀望有一天，我們能將娑婆穢域轉為佛光淨土。

3. 恪遵佛法遺制，融和五乘佛法：修持三學，圓滿人格：經云：「三世諸佛只在人道成佛，不在餘道成佛。」所以，太虛大師說：「人成即佛成，是名真現實。」人格的圓滿就是佛道的完成。

佛教依照每個人不同的根器，將修行方法分為五種層次，稱為「五乘佛法」，即修習三皈五戒的人乘，修習十善業道的天乘，修習四聖諦法門的聲聞乘，修習十二緣起的緣覺乘與修習六度萬行的菩薩乘。

人、天二乘的佛法側重入世的修持，布施、持戒、禪定是完成人天的三種福行；聲聞、緣覺的佛教則偏重出世的修持，以智慧入門，以忍進為方，漸次修證。我們應該允執厥中，融和人天乘的入世精神與聲緣乘的出世修養，趣入自利利他的菩薩乘，直趨無上的佛果境界。《法華經云》：「我說一乘法，無二亦無三。」指的就是這個廣利眾生的菩薩道。

六度萬行的德目雖然很多，但總括而言，不出戒、定、慧三無漏學的範疇。換言之，三無漏學與人類追求梵行、忍耐勇猛、累積智慧的特性相通，勤加修習，可對治我人貪、瞋、癡三毒，無論對道德的提升、心靈的淨化、事業的成就、友誼的開拓都具有無比的助益，所以，《大方等大集經》云：「所謂戒定慧，無上陀羅尼，能令三業淨，一切人所愛。」凡我佛光會員欲成就無上菩提，欲廣度無量眾生，當融和五乘佛法，以三學六度為修行的圭臬。

4.發揮國際性格，從事文化教育：擴大心胸，重視群我：國際佛光會認為天下本是一家，所有眾生都是一體，所以，凡我佛光會員應發揮國際的性格，不分職業，不分種族，不分國籍，不分老少，在世界每一個地方，努力弘揚佛法，廣度眾生。

《金剛經》云：「所有一切眾生之類，若卵生、若胎生、若濕生、若化生……我皆令入無餘涅槃而滅度之，如是滅度無量無數無邊眾生，實無眾生得滅度者。」濟度眾生並不只是物質上的給予，最重要的，是要引導他進入佛法的堂奧，直至到達涅槃彼岸為止；凡此非從文化、教育著手，不足以厥竟其功。因為唯有文化才能無遠弗屆，深入各地；唯有教育才能從根本上淨化心靈。所以經云：四句偈功德比布施三千大千世界七寶的功德還要來得更大、更多。如此更足以證明慈善布施固然可以救人於燃眉之急，以文教度眾更是功德巍巍，影響深遠。

因此自國際佛光會成立以來，我們除了舉行各種賑災活動之外，更經常舉辦國際青少年營、國際參訪團、國際互助會、國際學術會議、世界佛學會考、國際文化交流，並且將《禪藏》送往世界各地，在海內外設立獎助學金……，總之，我們注重群我，互通有無；我們擴大心胸，包容異己；我們發展文化教育，普利天下有情；我們以地球人自居，切勿限於一方一宇。

佛光會員的宗旨是：

1.秉承佛陀教法，虔誠恭敬三寶；弘法利生，覺世牖民；

2.倡導生活佛教，建設佛光淨土；落實人間，慈悲濟世；

3.恪遵佛法遺制，融和五乘佛法；修持三學，圓滿人格；

4.發揮國際性格，從事文化教育；擴大心胸，重視群我。

希望大家都能謹記在心，時時共勉。

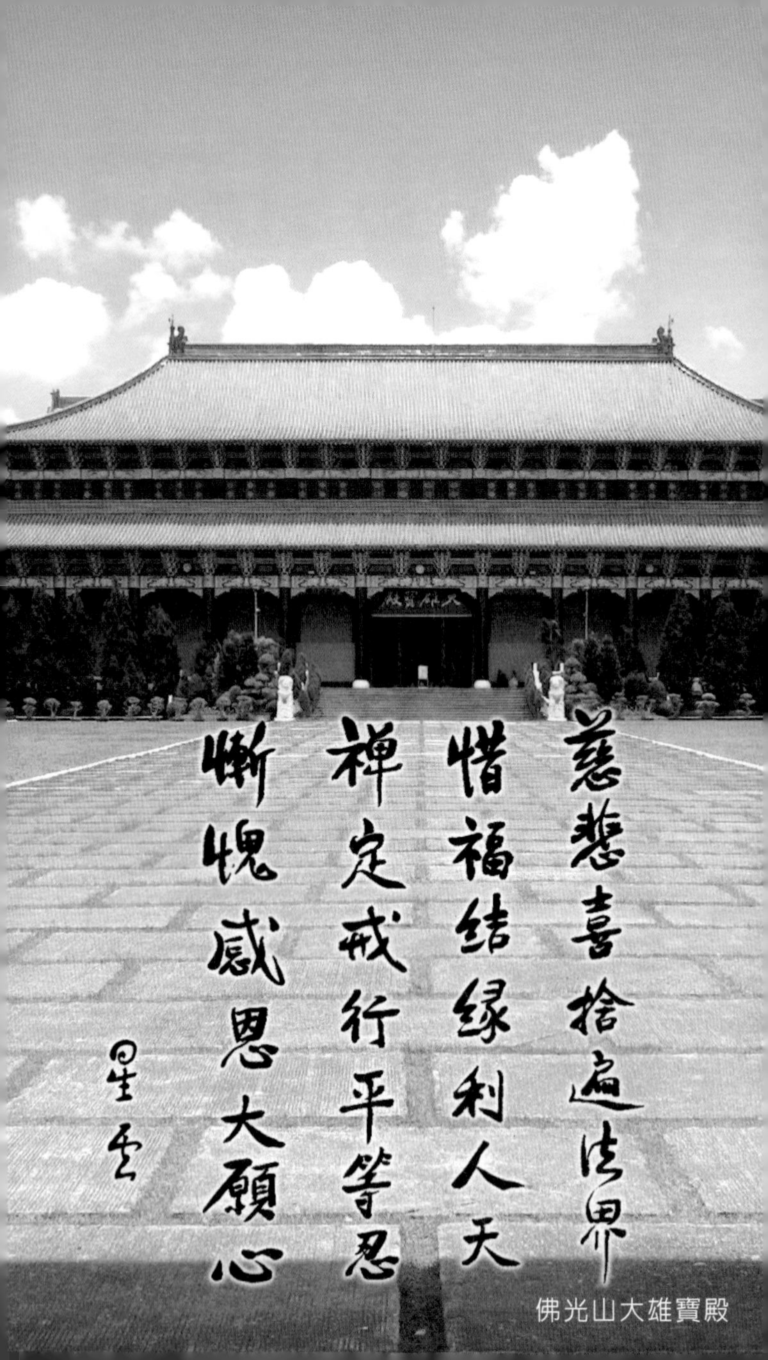
慈悲喜捨遍法界
惜福結緣利人天
禪定戒行平等忍
慚愧感恩大願心
星雲
佛光山大雄寶殿

佛光會員四句偈的意義

(一)慈悲喜捨遍法界
(二)惜福結緣利人天
(三)禪淨戒行平等忍
(四)慚愧感恩大願心

佛光會員四句偈的意義

《大乘本生心地觀經》云：「勸諸眾生，同發此心，以真實法一四句偈施一眾生，使向無上正等菩提，是名真實波羅蜜。」四句偈因為朗朗上口，好記易懂，所以佛教裡，不但佛陀在經典上留下許多四句偈作為我們修身的指南，歷代祖師大德也作了許多四句偈，讓佛子在生活上奉行，像七佛通戒偈、四弘誓願、四第一偈、飯前偈、回向偈等都是我們耳熟能詳的四句偈。然而隨著社會的進步，大家需要一個融古匯今，與時俱進的四句偈，以便在日常生活中奉行無礙，尤其佛光會員肩負重大的使命，更需要有一個行諸各地皆能應用自如的修持準則，因此擬定了「佛光會員四句偈」，以下逐一解說其意義：

1. 慈悲喜捨遍法界：佛教的百千法門之中，發心最為重要，發心吃飯，飯會吃得特別香甜；發心睡覺，醒來時會覺得全身特別舒暢；發心掃地，會將地掃得很乾淨；發心寫字，字也會寫得很歡喜。在佛門的修持裡，更有所謂的「四無量心」，就是要我們發無量的慈心、無量的悲心、無量的喜心和無量的捨心。

慈能與樂，悲能拔苦，慈悲是每一個修行人對世間眾生應有的態度。古代高僧大德們，像智巖的躬處癘坊、智舜的割耳救雞、高庵的看病如己、僧群的護鴨絕飲……等等，他們悲愍蒼生疾苦，澤及異類傍生，不但為時人所崇仰尊敬，也為後人立下了慈悲的最佳典範。俗謂「家家彌陀佛，户户觀世音」，阿彌陀佛慈悲接引眾生，往生極樂；觀世音菩薩倒駕慈航，尋聲救苦，所以中國民間都把家裡最好的位置讓給祂們，並且不時上香供養，禮拜稱名。

至於喜捨，更是佛子們最基本的道德修養，因為世間上沒有比歡喜更重要的事情了！所以，釋迦牟尼佛以種種偈頌譬喻，示教利喜，使大家踴躍歡喜，依教奉行；維摩詰大士善巧說法，讓天女滿載法喜而歸，不再耽溺世俗之樂；佛寺將笑口常開的彌勒菩薩供奉在山門口，好讓信徒香客見之心喜；僧團設立悅眾一職，妥善統理庶務，以使大眾歡喜。古聖先賢甚且如此，我們薄地凡夫更應仿效追隨，口出善言，身行恭敬，隨手服務，隨心祝福。

度生有我，度生的慈悲心就發不起來；喜捨著相，喜捨的功德就大不起來。佛光會員應該學習無條件的給人安樂，無條件的為人濟苦，無條件的給人歡喜，無條件的為人奉獻，能如此將自己的發心擴大到盡虛空遍法界，做人處事必定圓滿成功。

2.惜福結緣利人天：由於業緣所感，我們每一個人一生能享有的福報有一定數，如果恣意濫用，折福損德，將會加速告罄，這就好比我們在銀行的存款，每個人或多或少都不一樣，如果揮金如土，入不敷出，帳目上就會出現赤字，唯有懂得愛惜錢財，方能不虞匱乏。

所謂「積福莫如惜福好」，愛惜福報，才會更有福報。近幾年來，由於物質極端發達，養成人類濫買濫用的習慣，終於天災人禍頻起，滿目瘡痍的地球開始大力反撲了。此時正是大家自我覺醒的時刻，舉凡一張紙、一支筆、一滴清水、一片菜葉……，我們都必須好好珍惜，不要再輕易浪費有限的福報了！

除了惜福，我們更應該積極結緣。廣結善緣是世間最美好的一件事，因為善緣如水，能稀釋惡因，減少罪業；善緣如油，能潤滑善因，助成好事。社會上有些人左右逢源，有些人卻惹人討厭；有些人孤獨寂寞，有些人卻受人歡迎，這都要看我們平常是否與人廣結善緣。

廣結善緣的方法很多，財物上的週轉濟助、語言上的鼓勵安慰、技術上的教導幫忙、知識上的傳授布施，乃至一個點頭、一抹微笑、一句問好、一瓣心香等等都能為我們廣結善緣。

總之，宇宙萬法互有關聯，佛光會員若能珍惜福報，廣結善緣，必能得助多利，成就美事，普利眾生，圓滿菩提。

3.禪淨戒行平等忍：現代人的修行，不是參禪，就是念佛，當然也有不少人是禪淨雙修。其實禪淨二門，殊途同歸，永明延壽禪師在〈禪淨四料簡〉中說得好：「有禪有淨土，猶如戴角虎，現世為人師，來世作佛祖。」佛光會員如果能在日用中禪淨雙修，定慧等持，必定能促進生活美滿，人際和諧。

經云：「戒為無上菩提本。」無論參禪習定或念佛修淨，百千法門都應該以持戒為根本的修行。汽車依照交通規則，火車循著軌道而走，就能保障人車安全，同樣地，我們遵守戒律就能維護身心清淨，不違過失。監獄裡面的刑犯，哪一個不是犯了五戒——殺、盜、邪淫、妄語、飲酒，而身陷囹圄，如果大家都能遵守五戒，做到不侵犯他人的生命、不侵犯他人的財物、不侵犯他人的名節、不侵犯他人的名譽、不吸食毒品煙酒而侵犯自他身體，我們的人生必定幸福美滿，我們的社會必定安和樂利。此外，佛教的戒律如八關齋戒，旨在讓在家信眾體會淡泊的修道生活；菩薩戒以持律、修善、度眾為內容，從更積極的方面來發揮戒律的自由精神。總之，如果大家都能持守淨戒，當下就是諸上善人聚會一處，何須遠求佛國淨土？

平等是佛教最殊勝的教義之一。這個世界之所以紛擾不安，不外是因為男女不平等、種族不平等、智愚不平等、老少不平等、貧富不平等、權勢不平等……。佛陀曾說：「大地眾生皆有如來智慧德相。」外在的世界或許有諸多不平等的地方，但是我們內在的佛性卻是在聖不增，在凡不減，如果人人都能從根本上認識眾生平等的真諦，以平等心來接引十方，則世界和平將指日可待。

《佛遺教經》云：「能行忍者，乃可名為有力大人。若其不能歡喜忍受譭謗、譏諷、惡罵之毒，如飲甘露者，不名入道智慧人也。」忍耐不但是世間上最大的力量，也是一種無上的智慧。佛教將忍分為三種層次：第一是生忍，也就是對生存條件的認識，進而具備處理的力量；第二是法忍，就是對宇宙諸法的了解，從而直下承擔，轉化心境的作用；第三是無生法忍，就是如實知見一切事物不生不滅，進而自由自在遊諸國土度脫眾生的世界觀。

4.慚愧感恩大願心：人間最好的美德就是慚愧、感恩及願心。

所謂慚愧，慚者慚己，愧者愧他，慚者經常覺得自己學問不夠、發心不夠、慈悲不夠、能力不夠；愧者，時時感到對不起父母，對不起朋友，對不起國家，對不起社會。人有慚愧，才懂得奮發圖強；人有慚愧，才懂得力爭上游，所以《佛遺教經》云：「慚恥之服，無上莊嚴。」

懂得感恩圖報的人是天下最富有的人。經云：「菩薩發心度眾，常念國家恩、父母恩、師長恩、眾生恩。」因為沒有國家覆護，我們如何生存？沒有父母養育，我們哪有今天？沒有師長教誨，我們的慧命安在？沒有士、農、工、商，我們哪有衣、食、住、行？舉凡一切眾生，哪一個不在助長我們的生存？古德說：「滴水之恩，湧泉以報。」烏鴉尚知反哺，羔羊也懂跪乳，如人佛子，怎能不知感恩圖報？

省庵大師在〈勸發菩提心文〉中說：「入道要門，發心為首；修行急務，立願為先。願立，則眾生可度，心發，則佛道堪成。」世間上所有的仁人志士，哪一個不是憑藉願心來成就功業？宇宙中一切的諸佛菩薩，哪一個不是依照願心來圓滿菩提？願心是方向、動力，佛光會員應以廣大的願力來熟土嚴生。

「慈悲喜捨遍法界，惜福結緣利人天，
禪淨戒行平等忍，慚愧感恩大願心。」

《金剛經》云：四句偈功德比布施三千大千世界七寶功德還要來得大。希望各位都能從實踐佛光會員四句偈中，感受到佛法的可貴。

佛光
BLIA

佛光山巴西如來寺

發揚佛光會員四句偈

(一)佛光會員四句偈是最圓滿的修持
(二)佛光會員四句偈是最究竟的美德
(三)佛光會員四句偈是最如法的行為
(四)佛光會員四句偈是最普遍的傳教

發揚佛光會員四句偈

「慈悲喜捨遍法界，惜福結緣利人天，
禪淨戒行平等忍，慚愧感恩大願心。」

這是大家都耳熟能詳的佛光會員四句偈。佛教是一個解行並重的宗教，各位在了解佛光會員四句偈的意義之後，應當進一步奉行實踐，自利利他，所以，我們來談談如何發揚佛光會員四句偈？

1.佛光會員四句偈是最圓滿的修持：無論南傳佛教或北傳佛教，無論禪宗或淨土宗，無論自利或利他，無論出家或在家，無論易行道或難行道，甚至五乘佛法、八大宗派的法門，全都統攝在這佛光會員四句偈裡，各種根性的人都能在佛光會員四句偈裡安身立命。尤其最值得一提的是，這四句偈彰顯了菩薩道中最根本的四無量心、六度萬行，並且將人生最重要的各種修持融和於一爐，讓大家在日常生活中，隨時隨地都可以實踐體證。換言之，佛光會員四句偈是任何人、任何時間、任何地點、任何事情，都可以應用的修持法門，所以我們說它是最圓滿的修持。

2.佛光會員四句偈是最究竟的美德：我們奉行四句偈中的慈悲喜捨，能開展我們的心胸；我們實踐四句偈中的惜福結緣，能成就我們的佛化事業；我們修持四句偈中的禪淨戒行，能體證我們的法身慧命；我們胸懷四句偈中的慚愧感恩，能完成我們的大行大願。只要我們發揮佛光會員四句偈的精神，將歡喜快樂布施給他人，將利益好處與人分享，凡有錯誤自己承擔，一切榮耀回向他人，一定能深受大眾的愛戴；只要我們展現佛光會員四句偈的美德，待人有寬容的雅量，處事有平等的真誠，對眾生有尊重的言行，對自己有覺醒的修養，必定能導正人心，為社會帶來祥和安樂。所以，佛光會員四句偈是最究竟的美德。

3.佛光會員四句偈是最如法的行為：佛光會員四句偈能讓我們轉化心中的貪、瞋、愚痴，去除我慢、邪見，從而改變我們的氣質，使我們在行住坐臥時威儀庠序，穩健大方；在食衣住行上自知節制，合乎中道；在時空人際間調配圓融，運行自在；在家庭事業中兼顧得宜，順利無礙。這一切如法的行為，必定能使自他受益，轉化無窮。所以，佛光會員四句偈是最如法的行為。

4.佛光會員四句偈是最普遍的傳教：佛光會員四句偈在日常生活當中，與我們做人處事、治家和眾、工作學習，乃至修行弘法都有密切的關係，所以每次用餐前，稱念佛光會員四句偈，不但能夠提醒自己加緊學習諸佛菩薩的慈心悲願，更可以感化他人，加入我們弘法利生的行列。在共修、聚會、祈福、祝禱時唱念佛光會員四句偈，可以籌集一切功德，迴向四恩總報，九有均資，祈求一切眾生同圓種智，共成佛道。因此，佛光會員四句偈不但是最廣大、最深入的修持法門，也是最普遍的傳教方式。

總之，佛光會員四句偈是最圓滿的修持，也是最究竟的美德；是最如法的行為，也是最普遍的傳教。如果我們能夠信受奉行佛光會員四句偈，必定可以提升信仰的層次；如果我們努力發揚佛光會員四句偈，必定可以開拓人生的境界。希望各位都能將佛光會員四句偈融入我們的生活，成為我們的血肉。

二○○四年九月國際佛光會世界會員大會於佛光山召開

佛光會員的信條

(一)我們禮敬常住三寶，正法永存佛光普照。
(二)我們信仰人間佛教，生活美滿家庭幸福。
(三)我們實踐自我修行，隨時隨地心存恭敬。
(四)我們奉行慈悲喜捨，日日行善端正身心。

(五)我們尊重會員大眾，來時歡迎去時相送。
(六)我們具有正知正見，發覺自我般若本性。
(七)我們現證法喜安樂，永斷煩惱遠離無明。
(八)我們發願普度眾生，人間淨土佛國現前。

佛光會員的信條

信，是做人處事的根本。有了堅定的信心，即使有排山倒海之難，我們也能設法克服。清淨的信念在佛教中尤為重要，《華嚴經》云：「信為道元功德母，增長一切諸善法，除滅一切諸疑惑，示現開發無上道。」《梵網經》也說：「一切行以信為首，眾德根本。」國際佛光會是一個有理想、有組織的佛教團體，為了凝聚會員的力量，達到崇高的宗旨，我們將佛光會員應有的信念，列為八項條款，於每次開會時大聲宣讀。現在將其意義闡述如下，希望各位能藉著口誦心維，將這些信條貫徹在日常生活當中：

1. 我們禮敬常住三寶，正法永存佛光普照：佛、法、僧之所以稱為「三寶」，乃因其為宇宙世間帶來光明，為無量眾生添增喜樂，使我們解脫倒懸，得大自在。佛陀在鹿野苑度五比丘時，佛陀是佛寶，四諦、十二因緣、三法印是法寶，五比丘是僧寶，此三者是「最初三寶」。佛滅後，梵音沉寂，聖僧漸凋，最初三寶已不復見，因此以土塑木雕、金屬塑像為佛寶，三藏十二部經為法寶，受具足戒之比丘、比丘尼為僧寶，此即「常住三寶」。但就廣義而言，人人皆有佛性是為佛寶，人人都有平等無差別的法性是為法寶，人人都有喜好清淨和樂的心性是為僧寶，此名「自性三寶」。如今，去佛時遙，世人有賴常住三寶，才能體證潛藏於內的自性三寶，常住三寶也因而成為佛教在世間的具體形象，所以大家均應誠心禮敬。尤其佛光會員負有弘法利生的崇高理想，對於常住三寶，更應恭敬護持，凡發揚常住三寶之事，大家共襄盛舉；凡詆毀常住三寶之舉，大家同聲唾棄。果能如此，必能使佛光普照，廣利眾生；法水長流，被及三世，其功德自是不可限量！

2.我們信仰人間佛教，生活美滿家庭幸福：佛教有上座部佛教、大眾部佛教，有藏傳佛教、中國佛教。在許多宗派裡，有南傳的宗派、北傳的宗派；有顯教的宗派、密教的宗派。國際佛光會所倡導的佛教則是從佛陀以來一脈相傳，具有普遍屬性的「人間佛教」。

過去佛陀說法，主要的地點在人間，主要的對象是人類，主要的內容是指導人們如何將修行落實在日常生活上，所以經典中對於個人生活美滿、家庭幸福之道論述頗多，後人稱為「人間佛教」，旨在彰顯佛教的人間性格。至於所謂的「出世佛教」，是佛陀最初順應當時少部分修持苦行的行者所說；而「山林佛教」則是在中國古代君王體制下產生的特例，並非佛意。

一己之不修，一家之不齊，盍能奢言國富民安、世界和平？不論屬於何宗何派，我們佛光會員都是在佛陀的信仰之下，從事弘揚佛法、利濟有情的千秋偉業，因此大家對於佛陀的人間佛教應信受奉行，以期建立幸福的佛化家庭，成就輝煌的佛化事業，擁有美滿的佛化生活，積集具足的修道資糧，並以此功德散播一切眾生，回向無上菩提。

3.我們實踐群我修行，隨時隨地心存恭敬：人，無法離群索居，所以我們必須在錯綜複雜的人際關係中求取和諧，才能共享安樂。

常聽大家感嘆「做人難，人難做，難做人」，其實就因為做人難，我們才要更積極地學習如何做人。太虛大師說：「人成即佛成，是名真現實。」修道無他，主要就是在「處難處之人，做難做之事」，如果我們能把群我之間的問題解決，還有什麼不能做到的事呢？

群我之間所以不能協調，一言以蔽之，就是自己的恭敬不夠。古德云：「愛人者，人恆愛之；敬人者，人恆敬之。」如果我們能易地而處，本著你大我小、你樂我苦、你有我無、你好我壞的態度，以布施、愛語、利行、同事等方法來攝受對方，一定能左右逢源，皆大歡喜。

經云：「佛法在恭敬中求。」我們處在一個同體共生的世間裡，唯有大家心存恭敬，彼此合作，才能共創美好的明天。

4. 我們奉行慈悲喜捨，日日行善端正身心：七佛通戒偈云：「諸惡莫作，眾善奉行，自淨其意，是諸佛教。」所以，什麼是佛教的修行呢？簡而言之，就是端正身心。

《華嚴經》云：「心如工畫師，能畫諸世間。」我們的心如同畫師，心存清淨的畫師畫出諸佛菩薩的境界，內懷惡念的畫師畫出魑魅魍魎的景象。佛教裡所謂的「四無量心」，就是希望我們能以慈悲喜捨的畫筆，為世間增添色彩。在《四十二章經》中，佛陀曾說：「弟子去吾數千里，意念吾戒，必得道。在吾左側，意在邪，終不得道。其實在行，近而不行，何益萬分耶？」心好，還要行直。所以古德作「功過格」日日反省，世界各地的童子軍也奉行「日行一善」的美德，我們佛光會員都是有志一同的社會菁英，怎能妄自菲薄？舉凡鼓勵安慰，給人信心；點頭問好，給人歡喜；協助幫忙，給人希望；舉手之勞，給人方便，都是我們隨手可做的善事。如果大家能養成習慣，內外一如，必定能為整個社會帶來無限的光明。

5.我們尊重會員大眾，來時歡迎去時相送：俗謂：「登高必自卑，行遠必自邇。」群我修行、心存恭敬、慈悲喜捨、日行一善等等都不是徒喊口號，虛應故事，我們應率先從本會會友身上做起。尤其在目前科技進步、交通發達的時代裡，天涯有若比鄰，整個世界儼如一座地球村，佛光會員經常來往於國際之間，如果大家都能本著尊重會員大眾的精神，抱持「四海之內皆兄弟」的胸懷，來時歡迎，去時相送，必定能縮短彼此的距離，增加情誼的交流，提升團結的信念，促進會務的健全。

6.我們具有正知正見，發掘自我般若本性：正知正見是做人處事的根本，也是佛弟子應該具備的條件，因為有正確的知見才會有正確的行為。尤其今日社會中，邪說紛紜，許多人因為不能明辨是非，誤信邪師異端而深受其害，在痛心疾首之餘，希望佛光會員們都能擔負起破邪顯正、利益眾生的重責大任。

我們如何培養正知正見呢？佛教是正覺知的真理，深切了解佛法的意義，自然能具備正知正見。像佛教裡「善惡業力」的主張，打破過去長久以來宿命的觀點與神權的迷信，「因緣果報」的說法則與現代科學不謀而合，在在證明佛法亙古今而不變的特質：「四聖諦」與「三法印」不但洞徹宇宙人生的實相，也是放諸四海皆準的真理；而「佛性本具」的論點更是獨具慧眼，不僅總括一切佛法，也為眾生點燃希望的明燈。

《華嚴經》云：「心、佛、眾生，等無差別。」禪宗六祖惠能大師將佛性本具的真理闡述得最為貼切：「佛，猶覺也；分為四門：開覺知見，示覺知見，悟覺知見，入覺知見……汝今當信：佛知見者，只汝自心，更無別佛。蓋為一切眾生，自蔽光明，貪愛塵境，外緣內擾，甘受驅馳；便勞他世尊，從三昧起，種種苦口，勸令寢息：莫向外求，與佛無二，故云：『開佛知見。』吾亦勸一切人，於自心中常開佛之知見。世人心邪，愚迷造罪，口善心惡，貪瞋嫉妒，諂佞我慢，侵人害物，自開眾生知見；若能正心，常生智慧，觀照自心，止惡行善，是自開佛之知見。」

經云：「能善分別諸法相，於第一義諦而不動。」如果大家都能多聞薰習，反觀自照，開發正知正見，破除顛倒妄想，使六根不染萬境，般若本性現前，就不枉今生為人，得聞佛法了。

7.我們現證法喜安樂，永斷煩惱遠離無明：斷惑證真，常樂我淨，並不是來生之事，我們應該當下體證！所謂「過去種種譬如昨日死，現在種種譬如今日生。」學佛最重要的是把握每一個當下，勤息煩惱，集合小悟，久而久之，自然會有遠離無明、大徹大悟的一天。

惑障苦惱，類別甚多，但究其根本，多從心緣五欲六塵，比較、計較而來，所以《大般涅槃經》中說：「一切屬他，則名為苦；一切由己，自在安樂。」泯除自他，以法為樂，自然喜樂現前，曠達無礙。在《維摩經》中，維摩大士勸諸天女：「樂常信佛，樂欲聽法，樂供養眾，樂離五欲，樂觀五陰如怨賊，樂觀四大如毒蛇，樂觀內入如空聚，樂隨護道意，樂饒益眾生，樂敬養師，樂廣行施，樂堅持戒，樂忍辱柔和，樂勤集善根，樂禪定不亂，樂離垢明慧，樂廣發菩提心，樂降伏眾魔，樂斷諸煩惱，樂淨佛國土，樂成就相好，故修諸功德。樂莊嚴道場，樂聞深法不畏，樂三解脫門，不樂非時；樂近同學，樂於非同學中心無恚礙；樂將護惡知識，樂親近善知識；樂心喜清淨，樂修無量道品之法，是為菩薩法樂。」天女聞後，悉皆歎言：「吾有法樂，不復樂五欲之樂！」

可見世間苦樂、迷悟只在一念之間，如果大家能隨時注意現前的身口意業，必能去除煩惱無明，顯現真如自性，度過法喜安樂的人生。

8. 我們發願普度眾生，人間淨土佛國現前：淨土是人人欣樂的境界，我們如何修行，才能到達淨土佛國呢？佛陀曾說：「眾生之類，是淨土行。」意即：唯有勤度眾生，才能證得淨土，因為離開眾生，就沒有淨土可言。當菩薩發心化度眾生時，就是佛國淨土的現前。所以，佛陀又進一步開示：直心、深心、菩提心、六度行、四攝法、方便、三十七道品、回向心、去除八難、自行守戒、不譏彼闕、十善等都是菩薩淨土，並且說：「若菩薩欲得淨土，當淨其心，隨其心淨，則國土淨。」舍利弗聞言，心中納悶：難道佛陀心有不淨，為什麼娑婆世界如此惡濁？佛陀知道他的想法，於是以足趾按地，即時三千大千世界珍寶嚴飾，佛陀告訴舍利弗：「我佛國土常淨如是。」原來我們之所以見娑婆為穢土，是因為自己心有高下，而諸佛菩薩因見一切眾生悉皆平等，身心清淨，所以能見此土清淨。

經云：「三界唯心，萬法唯識。」佛光會員應和光接物，普度眾生，當外在眾生度盡的同時，內在貪瞋愚痴的眾生也將轉為菩提眷屬，果能如此，則何處不是淨土佛國？

佛光會員的信條是：

1. 我們禮敬常住三寶，正法永存佛光普照；
2. 我們信仰人間佛教，生活美滿家庭幸福；
3. 我們實踐群我修行，隨時隨地心存恭敬；
4. 我們奉行慈悲喜捨，日日行善端正身心；
5. 我們尊重會員大眾，來時歡迎去時相送；
6. 我們具有正知正見，發掘自我般若本性；
7. 我們現證法喜安樂，永斷煩惱遠離無明；
8. 我們發願普度眾生，人間淨土佛國現前。

如果各位都能奉行這些信條，必能淨化自己，利濟有情，廣結善緣，修持圓滿，成為人人歡迎的人間菩薩。

二〇〇二年九月國際佛光會世界會員大會於日本本栖寺召開

佛光會的性格

(一)國際佛光會具足信仰的根性
(二)國際佛光會具足普及的特性
(三)國際佛光會具足現代的適性
(四)國際佛光會具足國際的廣性

佛光會的性格

人，有不同的性格，天下萬物，也有不同的性格。像海洋有容納百川的性格，大地有承載一切的性格。國際佛光會是一個現代化的世界組織，當然也有其性格。總括而言，佛光會兼具下列四種性格：

1. 國際佛光會具足信仰的根性：樹，之所以長得茂盛蒼鬱，是因為有紮實的根；人，所以能活得下去，是因為有生命的根。事業亦然，如果想要昌盛興隆，就必須鞏固根基。所謂「萬丈高樓平地起」，根基越深越穩，樓房才能建得越高越大。

《華嚴經》云：「信為道元功德母，長養一切諸善根。」慧命的根，是信仰。壯大信仰的根，我們可以消除煩惱、淨化身心；滋養信仰的根，我們可以增長菩提、進德修業。信心門裡有無限寶藏，一分信心就有一分收穫，十分信心就有十分收穫。像五代靈裕禪師不畏周武法難，夜談佛理；唐朝志超法師無懼朝廷反佛，為人剃度。由於祖師大德憑著堅定的信仰，冒死護佛，使得聖教得以延續至今，眾生也因而蒙受法益。所以，深厚的信仰基礎不但可以解脫煩惱，安住身心，更能夠普利有情，兼善天下。

佛光會與其他一般社會團體不同之處，主要就在於佛光會具有堅定的宗教信仰。因此我們的宗旨強調信心教性，我們的信條注重信仰傳承，我們在會前高唱三寶頌，我們在飯前稱念佛光會員四句偈。此外，我們舉辦各類修行活動來培養佛子的信心道念，我們選拔佛光家庭以鼓勵佛教的信仰傳燈。佛光會成立多年來，不但陣容越來越堅強，法務也越來越興隆，凡此都是因為佛光會具足信仰的根性。

2.國際佛光會具足普及的特性：佛教是一個具有大眾性格的宗教，像觀音菩薩以「普門示現」來接引眾生；普賢菩薩以「普同供養」攝化有情；淨土宗以「三根普被」的念佛法門來度脫行人；禪宗以「普請出坡」的作務方式來反璞歸真……。處事能「普」及一切，則皆大歡喜；待人能「普」遍圓融，則能利益均霑。「普」，是一個多麼美好的世界啊！

佛光會秉承古聖先賢的包容本懷，不但接引全球各地的佛子參與其中，更歡迎信仰不同的佛光之友共襄盛舉。由於彼此秉持共同的度眾理想，發揮高度的濟世熱忱，同心一德推動佛學研究、擴大社會服務，所以能在短期間內將佛法的菩提種子遍撒世界五大洲，大家不分種族、貧富、貴賤、老少，咸來加入我們弘法利生的行列，讓佛教慈悲、般若、禪定、戒行的妙用普及人心，成為社會的中流砥柱，不但受到當地居民的肯定，各國政府也相繼頒獎鼓勵，此乃佛光會具足普及的特性由以致之。

3.國際佛光會具足現代的適性：現代有適應、進步的意義，佛教自從佛陀創教以來，一直都能保持現代的適性，在各種弘法方式上力求契理契機，與時俱進；例如在佛教經典方面，從口授傳法，到抄經、刻經、印經，進而發展到現在的電腦藏經；在佛化事業方面，從早期的僧祇粟、寺庫、無盡藏院、病坊，到目前的佛教托兒所、幼稚園、中學、大學，佛教醫院、診所、佛教圖書雜誌等等，都是配合時代的需要。

有識於佛教現代化的重要性，佛光會自開創以來，即配合時代的腳步，不但倡導人間化、大眾化的佛教，將佛法禮儀推廣到日常生活當中，將佛教修持落實於群我關係之間，更推動以道德為本，普利社會的現代化佛教，從植樹環保、資源回收活動的舉辦，到七誡運動、清貧思想的推行；從佛教電視、廣播節目的錄製，到佛教錄音帶、錄影帶的出版……，凡此種種無非是想將佛教的般若智慧，化為權巧方便以廣利有情。此外，我們的弘法活動以聲光化電來攝受大眾，我們的教化方式以科技文明來增進效果，我們的目的是要讓佛教積極進取的精神，永遠伴隨著時代潮流向前邁進。總之，只要有益於人類大眾，各種新的思想、新的方法，佛光會都勇於嘗試，樂於參與，因為我們具足現代的適性。

4.國際佛光會具足國際的廣性：佛法妙諦除了能豎窮三際、歷久彌新之外，更具有橫遍十方，周遍涵容的特性。釋迦牟尼佛為說法度眾，非以一地、一國為限；觀世音菩薩為尋聲救苦，二六時中遊諸國土；善財童子南巡諸國，巡師訪道；趙州禪師八十行腳，四處參學。

國際佛光會追隨古德風範，主張天下本是一家，眾生原是一體。所以我們每年將各地的菁英聚集一堂，召開世界會員代表大會、理監事會議；我們經常在全球不同地區，舉辦各種講習會議培訓各種人才；我們每年遴選檀講師在國際弘揚法義；我們舉行世界祈福法會，祈求人類和平；我們舉辦各種國際佛教會議，彼此溝通交流；我們推動世界佛學會考，普及學佛風氣；我們協辦國際僧伽會議，互相切磋研究；我們成立急難救助會，將佛光會員的慈悲帶往世界各地的災區；我們一再呼籲全體會員立足本土，放眼世界，因為佛光會具足國際的廣性。

性格是成就一切的動能，車子性能好，就能走得遠、跑得快；飛彈性能強，就能飛得高、射得準。國際佛光會在成立開始，就具足了信仰的根性、普及的特性、現代的適性、國際的廣性，往後要邁向崇高的理想，成就長遠的法業，還必須會員們同心齊力，以眾為我，將佛光會的四種性格淋漓發揮！

二〇〇二年星雲大師與印尼佛光會會員合影

佛光會的性質

(一)佛光會是一個主張慈悲包容的社團

(二)佛光會是一個倡導眾生平等的社團

(三)佛光會是一個尊重家庭生活的社團

(四)佛光會是一個重視社會福祉的社團

佛光會的性質

人生的意義不僅在求得生存的安樂、物質的享有，更重要的是，必須在心靈上有所提升，在精神上得到解脱。大家參加佛光會，將一己之小我融入這個大我的團體裡，對於我們的生命有什麼助益呢？各位不妨先從佛光會的性質來做一個深切的了解：

1.佛光會是一個主張慈悲包容的社團：《法華經》云：「以大慈悲力，度苦惱眾生。」社會上一般人所説的愛心，有人我對待分別，所以有時「愛之欲其生，恨之欲其死」，反而造業起惑，痛苦顛連。慈悲，是視人如己，立場互易，對於與自己親愛的人固然要慈悲相向，對於不相識的人也要有「無緣大慈，同體大悲」的真心，才能自利利他。欲達此境，必得先培養自己包容的心量。

天地之間，花紅柳綠，鳶飛魚躍，大家各顯神通、形態互異。就因為有這麼多的不同，才顯得這個世間多采多姿、相得益彰。同樣地，每個人也都有許多歧異之處。例如：見解思想不同、生活習慣不同、語言文字不同、性別體力不同等等，唯有大家包容異己，才能相輔相成，共存共榮。

佛光會秉持諸佛菩薩慈悲包容的胸襟，不但歡迎敬信三寶，有志一同的個人報名參加，也接受各個寺院、佛學院、居士林、念佛會、禪修會等團體加入團體會員的行列，甚至「佛光之友會」，也邀請天主教、基督教、回教等不同的宗教團體，來做我們的會友。凡是社會需要協助的地方，我們不分宗教、派別，儘量服務贊助，給與歡喜。我希望所有的會員都能秉持同中有異，異中求同的風格，將佛光會樹立成一個慈悲包容的團體。

2.佛光會是一個倡導眾生平等的社團：在佛光會裡，所有的會員不分國家、不分種族、不分男女、不分貧富，大家共同為弘揚佛法而攜手努力，因為我們視一切會員為同體共生的地球人。

何謂眾生？《長阿含經》說：「無尊卑上下，亦無異名，眾共生於世，故名眾生。」《大乘同性經》謂：「眾生係以眾緣假合而生，故名眾生。」《華嚴經》稱：「心、佛、眾生，等無差別。」而在其他經典中，我們也常常可以看到《不增不減經》云：「法身為煩惱所纏，往來生死，故名眾生。」佛陀倡導生佛平等、聖凡平等、理事平等、四姓平等的思想，可見十法界一切眾生的本質是平等無差別的。但是如今我們不論走到哪裡，都會發現有權勢的大小、財富的差距、出身的高低，甚至教育的懸殊等種種差別，到處都可以看到因不平等而引發的怨怒爭鬥，乃至腐敗紛亂。所以，我希望會員們能夠常懷平等的智慧，以佛陀打破階級差異的勇氣，為社會建立平等的制度，為世界建立平等的秩序。如果大家都能做到人人平等的話，相信這個世間就能像大海一樣包容江河溪流，互相融和，同一法味。

3.佛光會是一個尊重家庭生活的社團：家庭不僅是夫婦子女的安樂窩、避風港，對於社會安定更具有積極功能，例如：夫妻的和諧相處有助於彼此的成長，父母的良言善舉對小孩的心性往往具有決定性的影響。有鑑於此，佛光會除了講究個人的健全發展，更重視家庭生活的幸福美滿，所以經常舉行各種活動，邀請夫妻連袂參加，歡迎親眷共襄盛舉。此外更針對一般家庭舉辦佛光人家選拔、家庭普照、佛光親子運動會、園遊會，藉此促進家庭成員間的和諧相處。我們希望家庭成員之間，在日常生活中，常保親切的態度、和悅的言語；在經濟物質上，永懷知足感恩的美德；在精神上彼此相依、互相慈愛；尤其家人應該具有統一的佛教信仰，讓大家的心意得到自由的開展，務期佛光眷屬都能成為菩提大道上的道侶法友。若能如此，則人有天倫之樂，國有安定之福，世界怎會不和平！

4.佛光會是一個重視社會福祉的社團：《華嚴經》云：「但願眾生得離苦，不為自己求安樂。」佛陀以一大事因緣示現於世，為的就是希望眾生離苦得樂，社會安定和諧，而歷代的高僧大德本著佛陀拔苦與樂的精神，或開墾拓荒，或賑濟苦難，或療治貧疾，或助民建設，對於國富民安可說是貢獻卓著。

然而不知曾幾何時，佛教徒以清修為尚，幾個知己聚集一處，以此為足。這裡一間小廟誦經念佛，那裡一間精舍冥思靜坐，缺乏大乘菩薩普濟社會的悲心，何其可恥！這些團體即使以油香淨財從事公益事業，也因為缺乏組織，沒有制度，而成效極微，實在可惜！

尤其今日社會普遍進入工業時期，人類的思想行為、價值觀念都受到巨大衝擊，大家不斷向外追求物質的知識、享受，結果不但物質的知識物化了，心靈的智慧也越形僵化，人我之間的對立固然越加強烈，物我之間的鴻溝也更加深廣，在此功利主義掛帥之際，今日的佛教徒真是任重道遠！

我覺得：佛教界應該自我覺醒，不應寄望別人來捐助我們，奉獻我們，而要反過來想：我們應該如何貢獻社會？應該如何服務大眾？所以佛光會創會之初，我便提出落實人間、慈悲濟世的宗旨，就是希望佛光會員都能認清自己既然投身佛教，就必須克盡以眾為我、福利社會的責任。此外，我們必須在弘法利生的方法上不斷更新，期能與時俱進，因勢利導。

佛光會自成立以來，為了響應環保，舉辦廢紙回收、植樹救水源等活動；為了推廣健康人生，舉行素食品嚐會、社會各階層的聯誼活動；為了充分發揮愛心，前往偏遠地區慈善義診、冬令救濟；為了挽救社會，我們配合政府投入反毒運動，到各地監獄布教弘法；為了普利大眾，製作佛教廣播和電視弘法節目；為了造就國家未來的棟樑，舉辦青少年夏令營、兒童夏令營，其他如歡喜讀書會、智障學生遊藝會、生命之旅、把心找回來、時時樂清貧等活動，都是盛況非凡，成績斐然。希望今後會員們能繼續精進奮發，團結合作，對社會布施更多的普濟慈悲，讓更多大眾享受佛法的歡喜。

國際佛光會既是一個主張慈悲包容的社團，也是一個倡導眾生平等的社團；既是一個尊重家庭生活的社團，也是一個重視社會福祉的社團。佛光會員應從以上四點來了解佛光會的性質，並且努力實踐，發揚光大。

人間佛教

一九九七年台北中正紀念堂，星雲大師
帶領八萬名慈悲愛心人宣誓

佛光會員的使命

(一)以世界觀弘揚佛法
(二)以人間性落實生活
(三)以慈悲心普利群生
(四)以正覺智辨別邪正

佛光會員的使命

世界上每一個人都有他的使命，軍人的使命是保衛社稷，教師的使命是作育英才，農夫的使命是增產報國，科學家的使命是造福人類。

一個富有使命感的人，能化理想為行動，縱使接到一份小小的任務，也能辦得轟轟烈烈；反之，一個沒有使命感的人終日因循苟且，得過且過，所以雖然交給他一件很大的事業，到頭來還是做得無聲無息。

佛光會員具有什麼樣的使命呢？我們應如何完成這些使命呢？下面我分四點來說明：

1.以世界觀弘揚佛法：過去的佛教因礙於語言隔閡、交通不便，所以只能侷限於亞洲一帶，無法廣為流傳。實際上，佛教具有普遍包容的特性，不受國家地域的限制，是屬於全世界、全人類的宗教。遙想佛陀當初憑著慈悲堅毅的精神，將佛法傳遍五印度，今天，遍及世界各地的佛光會不但擁有精通各國語言的人才，更吸收各行各業的菁英熱忱參與，再加上便利迅速的交通工具、四通八達的網路連線，我們應該抱定共同的決心，為傳統佛教開創新紀元，把繁榮的亞洲佛教帶向全世界！我們應該發心立願在全球各地弘揚佛法，將菩提種子遍撒五大洲！

2.以人間性落實生活：《金剛經》云：「如來說一切法，皆是佛法。」《維摩經》說：「一切諸法皆是解脫相。」可見佛法不離世法，離開世間諸法，想要尋求解脫之道，無異緣木求魚。所謂：「平常一樣窗前月，才有梅花便不同。」佛法必須落實在生活上才能顯其功用，生活也必須與佛法相應才能幸福美滿。因此佛光會從創會以來，就以推行生活佛教、建立人間淨土為目標。佛光會員應念茲在茲，全力以赴，將佛法由寺院帶到社會，由僧眾帶到信眾，讓佛法走入生活，落實人間。

為了使佛法的資訊傳播更廣，我們要學習電腦、勤於寫作，甚至發行書刊；為了莊嚴道場、美化家庭，我們要學習插花、布置，甚至建築設計；為了便利弘揚佛法，我們要學習駕駛、演說，甚至各種布教方法；為了讓更多的人欣賞佛教藝術，我們要學習梵唄、繪畫，甚至到國家殿堂表演展示。這是一個有聲音、有色彩的世界，佛光會員要自許做一個喇叭，讓每一個人都知道佛法的好處；做一隻彩筆，將世間點染得多采多姿。我們要用我們的巧手慧思在人海中遍植淨蓮，用我們的笑顏善語在生活上製造喜樂。

3.以慈悲心普利群生：儒家講仁愛，但因為有親疏遠近之分，所以愛不能廣被；墨家講兼愛，但因為「蔽於用而不知文」，事理不能兼備，愛的運用會出偏差：法國大革命時，提出「自由、平等、博愛」的口號，但往後多少年，還是無法解決民眾的苦難，此理無他，只因為世間上的愛都帶有染污性，一旦處理不當，就會變成痛苦的深淵、煩惱的來源。佛教所提倡的「慈悲」則是洞徹眾生與我本為一體，而發展出來一種無私無我的奉獻精神。由於慈悲是一種淨化的愛、昇華的愛，像天地一樣覆載萬物，不以為功，所以能普利群生，綿延久遠。

經云：「菩薩因眾生而生大悲心，因大悲心而長養菩提，因菩提而成就佛道。」又說：「菩薩但從大悲生，不從餘善生。」還有像地藏王菩薩「地獄不空，誓不成佛」，許多菩薩甘為眾生承受一切苦難等都是很好的榜樣。佛光會員應效法諸佛菩薩「但願眾生得離苦，不為自己求安樂」的慈心悲願，從度化眾生中完成自己，不僅關懷貧弱老幼、體恤鰥寡孤獨，更要在各地積極弘揚佛法、舉行座談，從根本上解除眾生心靈上的苦惱；不僅設計各種活動，接引不同根器的人同入佛道，更要推廣佛教文化事業，普及佛教資訊的傳播，以期導正社會風氣，擴大教化的功能。希望各位會員們都能以自他互易的認知，循循善誘；以不望回報的器度，喜捨布施，因為以慈悲心普利眾生是我們責無旁貸的使命！

4.以正覺智辨別邪正：所謂「悲智雙運」，真正的慈悲必須要有正確的覺知來作前導，才能達到濟世利生的目的。像現代人溺愛子女、縱容惡作、不當放生、濫施金錢，乃至依止邪師、妄學神通、投皈邪教、害己害人等等，不但未能廣利有情，反而造成社會的亂源，令人痛心疾首，正知正見之可貴於此可見一斑！

世間上的人依其迷悟不同，大致可分四類：凡夫背真逐妄，迷而不覺；

外道雖有世間智慧，但覺而不正，是為邪覺；二乘人能修四諦法門、十二因緣，但只覺我空，未覺法空，於真理之覺悟未能普遍平等；菩薩雖覺二空真理，平等利他，但尚有根本無明，覺悟程度仍未圓滿；唯有佛陀自覺覺他，覺行圓滿，萬德具足，所以能示教利喜，普施法雨。我們佛光會員何其有幸，以宇宙間最偉大的覺者佛陀作為我們的導師，所以大家應該好好珍惜這無上的福報，除了努力研習佛法教義、請益名師大德之外，更要用心思惟，身體力行，以正確的知見、正確的修證來指點世人，破除迷信，打倒邪說，讓我們的社會走向富強康莊的大道，讓我們的同胞共享安和樂利的生活。

佛光會員具有下列的使命：

1. 以世界觀弘揚佛法。
2. 以人間性落實生活。

3.以慈悲心普利群生。

4.以正覺智辨別邪正。

希望大家能一起秉持共同的信念發揮所長，用歡喜、服務、奉獻、投入的精神來展現佛教的生命力！

二○○四年十二月南亞海嘯，國際佛光會印尼蘇北協會會員，在棉蘭機場將賑災品送交當地政府。

佛光會的目標

(一)提倡人間佛教
(二)建設佛光淨土
(三)淨化世道人心
(四)實現世界和平

佛光會的目標

目標是一個事業組織的靈魂所在，做事沒有目標，就好像船隻沒有羅盤，在茫茫大海中到處飄泊，不知所止。有目標才有方向，有目標才有未來，佛光會如大海般容納百川，身為會員應該具有共同奮鬥的目標，才能團結一致，迅速達成佛光會崇高的宗旨。因此今天我們來談談佛光會的四個目標：

1. 提倡人間佛教：隨著佛教日益興盛，佛教人口逐漸增加，這本來是一種可喜的現象，遺憾的是，部分佛教人士的行徑已偏離佛陀示教利喜的本懷，以致佛教無法發揮覺世濟民的功效，例如：有些人重視佛學上的玄談，但忽略實際的修證；有些人只知道形式上的吃素拜拜，對於人格道德的增進及日常生活問題卻棄之不顧；有些人一信佛教，就忙著閉關自了，不問世事，失去對社會大眾的關懷；有些人迷信邪師異說，以變化神通為尚，結果學佛不成，反成弊害。其實佛陀所提倡的教義是「現實重於玄談，大眾重於個人，社會重於山林，利他重於自利」的人間佛教，佛光會員應先認識人間佛教的本質，才能擔負起弘法利生的重責大任。什麼是人間佛教的實質內容呢？因緣果報是人間佛教，五戒十善是人間佛教，六度四攝是人間佛教，慈悲喜捨是人間佛教，五乘共法是人間佛教，乃至勤勞刻苦、尊重讚歎、包容異己、服務助人、造福社會、歡喜融和等等，都是人間佛教所提倡的內容。希望大家都能以身作則，以人間佛教思想作為行解修證的圭臬。

2.建設佛光淨土：生活在這個世間上，黑暗的社會需要光明，動盪的時代需要安穩，苦難的人生需要喜悅，煩惱的身心需要解脫，淨土於是成為人人心神馳往的世界！然而極樂淨土與琉璃淨土需要持名念佛達到一心不亂才能往，華藏淨土必須精進修持達到圓融無礙才能契入，兜率淨土雖說近易普及，但仍在三界之內。《維摩詰經》云：「隨其心淨則國土淨。」我們何必捨近求遠，只要大家努力，人間也可以成為淨土，宇宙間哪一方淨土不是諸佛菩薩以無比的願力莊嚴而成？佛光會員應當本著直下承擔、捨我其誰的精神，效法諸佛菩薩的慈心悲願，去除對三毒的怖畏，散播歡喜的種子，融和極樂淨土的環境清淨、天下一家；琉璃淨土的政治清明、民生豐富；華藏淨土的互助友愛、平等和諧；兜率淨土的善人聚會、法樂無窮，將我們的人間穢域建設成佛光淨土。

3. 淨化世道人心：隨著科技進步，物質日益豐盛，但是社會文化卻越見低落，精神生活也江河日下。但見毒品殃民、暴力充斥、娼妓泛濫、道德淪喪、爾虞我詐的歪風四處漫延，其原因固然與社會型態變遷有關，不過最主要的，還是一些像損人利己、幸災樂禍、同歸於盡、磨人為樂、信壞不信好、畏果不畏因、信假不信真等等病態心理為禍最深。經云：「三界唯心，萬法唯識。」我們的心好像工廠，好的工廠不但生產優良產品，而且還將餘利回饋鄉梓；壞的工廠不但生產劣質產品，而且製造污染為害社會。心也是如此，擁有慈悲善良的心能利己利人，懷抱貪瞋愚痴的心則自惱惱他。

國父孫中山先生曾說：「國者，人之積；人者，心之器。」我們想要國家富強、民生樂利，首先要匡正世道人心，除了自己必須有節制的感情態度、合理的經濟生活、正當的社會關係、德化的宗教觀念以外，更要以慈悲心、隨喜心、感恩心、慚愧心、包容心、菩提心來淨化自他，福利社會。

自佛光會成立以來，各地協、分會舉辦各類活動，喚醒人們迷失的心靈，已獲得當地民眾的肯定讚揚。希望大家再接再勵，互相切磋，為我們的社會共創美好的明天。

4.實現世界和平：由於長久以來的歷史因素、種族之間的互相歧視、宗教之間的意見不一、稱霸羣雄的貪欲誘惑，國際之間難有寧日。加上近百年來科技發達，武器的功能日新月異，人類對戰爭的畏懼益深，渴望和平的呼聲也越來越高，因此有禁武、限核等高峰會議之舉行，然而這些外在的措施雖使和平的腳步邁開，卻無法完全杜絕戰爭的發生。因為解決紛爭之道，不但需要理事配合、行解並重，更要考量各方面的情況，非僅去除表面的亂相即可。在諸多學說之中，佛教的「六和主義」最能達成和平的效果，今將其意引申，供大家參考：

(1)見和同解，亦即思想的統一，大家必須在和平上具有共識。

(2)利和同均，亦即經濟的均衡，大家必須在經濟上互相扶持。

(3)戒和同解，亦即法制的平等，大家必須奉行法制，人人平等。

(4)意和同悅，亦即心意的開展，大家必須開拓心胸，誠意溝通。

(5)口和無諍，亦即語言的親切，大家必須出言委婉，話語懇切。

(6)身和同住，亦即相處的和樂，大家必須彼此尊重，互相包容。

在詭譎多變的世局裡，我們佛光會員幸有佛法作為指南，因此未被利誘的濁浪所淹沒吞噬。在慶幸之餘，我們應該進一步團結起來，共同為提倡人間佛教、建設佛光淨土、淨化世道人心、實現世界和平而攜手合作，期使全球人類都能和合無諍，永享安樂。

二〇〇三年八月十七日，國際佛光會中華總會第四屆第八次理監事暨督導分會長聯席會議。

佛光會員的展望

(一)為自己留下信仰
(二)為家庭留下貢獻
(三)為社會留下慈悲
(四)為生命留下歷史
(五)為道場留下功德
(六)為眾生留下善緣
(七)為未來留下願心
(八)為世界留下光明

佛光會員的展望

人為希望而活，生命因發展獲得圓滿，沒有希望的人生將如同行屍走肉，生命也就毫無意義可言。參加佛光會，不僅使生命充滿無窮的希望，更能為前途帶來美好的發展。身為佛光會員有什麼樣的展望？在此我提出八點意見供大家參考：

1.為自己留下信仰：有人說：「人是信仰的動物。」世間上不管是哪一種宗教，哪一種學說，都必須建立在信仰上。有了堅定的信仰，就會產生很大的力量，甚至為之赴湯蹈火在所不惜。但是，信仰有好有壞，一般而言，我們可以將信仰分成四種層次，最壞的是信仰邪師異說的「邪信」；其次是「不信」，對於生從何處來，死歸何處去不想探討，人生猶如無根的浮萍，但至少沒有誤入歧途；第三是信得很虔誠，但不知分辨的「迷信」，迷信雖然不好，但是憑著一片純真的心，對於防非止惡也能產生很大的功效；最高尚的信仰應當是信仰實在實有、道德高尚、戒行清淨、正法圓滿、智慧超然，能幫助我們昇華人格，解脫煩惱的「正信」；佛教就是建立在真理、慧解，經得起考驗的正信之上。在經典裡，佛陀很明確地告訴我們一切眾生都有佛性，只要依法而修，都可以成就佛道。佛光會員應當從禮佛、念佛、行佛中，探索內心的寶藏，追尋無限的人生，為自己留下永恆的信仰。

2.為家庭留下貢獻：一個人從呱呱墜地起，就在家庭裡度過大半的時光，及至長大嫁娶，又成立另一個家庭，養兒育女。家庭不但延續生命，對於個人身心的成長，國家社稷的安定更是重要。所以，佛教對家庭幸福非常重視，像《善生經》、《玉耶女經》、《大寶積經》、《涅槃經》等佛教經典中，不但教導人們如何實踐家庭倫理，還說明家庭經濟如何運用得法。

佛光會員懷抱建設人間淨土的理想，應當先從自己的家庭做起，為人子女者，對父母恭敬供養；為人妻子者，對丈夫守貞重節；為人丈夫者，對妻子讚美慰苦；為人父母者，對兒女諄諄善誘，不但做到父慈子孝、兄友弟恭，更重要的是，應該將佛法的明燈延續下去，代代相傳，為家庭留下長遠的貢獻！

3.為社會留下慈悲：我們的衣、食、住、行都是由社會各行各業所供給，因此對社會，我們除了以努力工作回饋報答之外，更應配合時代，福國利民，為社會留下我們的慈悲。世界上還有什麼比慈悲更可貴的呢？中國南北朝時代，佛圖澄以慈心化度殘暴的石勒、石虎，蒼生因而得救；北魏曇曜發大悲心設立供應無缺的僧祇户、僧祇粟，飢民因而免難。今日的社會問題叢生，究其原因，主要在於大家缺乏慈悲的精神；人際之間不能和諧，就是因為大家不能易地而處；勞資之間時有衝突，也是由於上下無法互相體諒……，凡此都需要慈悲的法水來滋潤撫平。

唯有慈悲能化干戈為玉帛，唯有慈悲能轉暴戾為祥和，佛光會員應以古德為師，以無緣大慈的精神布施歡喜，以同體大悲的胸懷濟助苦難，以怨親平等的雅量包容異己，以人我一如的精神關懷萬物，為我們的社會留下可貴的慈悲。

4.為生命留下歷史：人生的意義在創造宇宙繼起的生命，我們踏在前人的肩上步步高升，自然也要為後世子孫留下歷史的軌跡！像羅門四哲之一的僧肇雖然英年早逝，但是他的《肇論》流傳至今，仍為研究佛教思想的寶典；幼年時因意外而嚴重殘疾的亨利・克拉克・華倫憑著對佛法的堅定信心，博覽群經，著書立說，度人無數，雖然以不惑之齡與世長辭，其嘉言懿行卻足以模範後學；民國時代的太虛大師力圖整理教產、教制，儘管功敗垂成，然而對日後中國佛教的振興卻深具潛移默化的影響；德國高僧三界智長老雖然一生顛沛流離，三度被捕下獄，卻未嘗稍改志節，許多歐美人士在他的感召之下，紛紛學佛向道。可見壽命的長短不在色身的生滅，事業的大小也不在一時的成敗，而在於自己對人群社會留下多少貢獻。我們佛光會員應當效法前賢立德、立功、立言的精神，為不死的生命留下璀璨的歷史！

5.為道場留下功德：歷代的佛寺道場除了住持佛法，更發揮教育百姓、建設文化、醫療救濟、幫助生產、開發交通、保護生態、利濟行旅、安住軍民、財務運轉等功用，儼然成為大眾法身慧命的第二個家庭，與我們色身肉體寄住的家庭並無二致，所以為道場發心是我們分內之事。

古德說：「國家興亡，匹夫有責。」同樣的，「佛教興亡，僧信有責。」唯有四眾弟子共同護持道場，道場才能擴大弘法度眾的功能。如果我們都能藉著我們的口為佛教宣揚讚歎，藉著我們的手腳為寺院道場分擔責任，藉著我們的頭腦為佛教事業貢獻智慧，乃至盡一己之力護法衛僧，以一瓣心香祝禱教運昌隆，佛教還會沒有希望嗎？眾生還會沒有度盡的時候嗎？

護持道場能化導萬千眾生，功德自是不可限量。昔時，須達長者布施黃金助建祇園精舍，不但僧伽得以安住無虞，忉利天上也為他造了一座宮殿；貧窮的難陀女因誠心供養一盞小燈，不但為自他點亮了光明的佛性，百劫後更得以證果成佛，所以佛光會員為使正法永存、佛光普照，應當竭盡心力，為長養慧命的道場留下不朽的功德。

6.為眾生留下善緣：佛陀在菩提樹下證悟的真理中，最主要的就是緣起法則。緣，是世間上最美妙的事！靠著眾緣和合，無中可以生有；由於善緣加入，壞的因子得以改善。宇宙中一切事物都是相因相成，眾生之間也具有同體共生的關係，人類必須摒棄過去「物競天擇，適者生存」、「弱肉強食」的概念，而改以平等互惠的觀點來看待一切眾生，舉凡有益眾生的事情，大至世界和平、保育運動，小至造橋鋪路、施燈施茶、讚美鼓勵，大家都應該隨心盡力，共襄盛舉。

希望佛光會員都能發平等心、廣大心、最上乘心、無顛倒心，為十方眾生留下得度的善緣。

7.為未來留下願心：世事無常，明天永遠是不可知的未來，但是堅定的願心可以貫穿時空，萬古長存！像西方極樂世界是阿彌陀佛以四十八願逐一成就，東方琉璃淨土是藥師如來以十二大願莊嚴而成，地藏王菩薩「地獄不空，誓不成佛」的願心為淒苦的煉獄帶來希望，觀世音菩薩「倒駕慈航，尋聲救苦」的精神是娑婆暗夜裡的一盞明燈，玄奘大師憑藉「寧往西天一步死，不回東土一步生」的立志，鑑真大師靠著「為大事也，何惜身命」的誓言，忍人所不能忍之苦，行人所不能行之事，不但為佛教開創新的里程碑，更為眾生帶來得度的希望！《勸發菩提心文》中，省庵大師說：「入道要門，發心為首；修行急務，立願為先。願立則眾生可度，心發則佛道堪成。」希望佛光會員能效法古聖先賢恢宏的氣度，為未來的子孫留下崇高的願心！

8.為世界留下光明：世界上最殊盛的事，莫過於光明普照。清晨的陽光驅走暗夜，溫暖大地，使萬物得以成熟；海邊的燈塔指引方向，照亮前程，使船夫免於恐懼。佛光會員應該向陽光、燈塔學習，在苦難的地方點燃慈悲的明燈，在瞋恨的地方點燃寬恕的明燈，在懷疑的地方點燃信心的明燈，在憂傷的地方點燃喜悅的明燈，在失意的地方點燃希望的明燈，在愚痴的地方點燃般若的明燈，為這個世界留下無限的光明。

人生的價值不在長命富貴，華夏美食，而在奉獻所長、服務大眾；學佛的可貴也不在祈求功名、榮利，而在盡己所能，讓眾生證悟佛性。希望大家都能稟持「推己及人，兼善天下」的精神，為自己留下信仰，為家庭留下貢獻，為社會留下慈悲，為生命留下歷史，為道場留下功德，為眾生留下善緣，為未來留下願心，為世界留下光明，以期自利利他，己達達人。

二〇〇四年九月巴西聖保羅警察總督夫人代表「巴西如來寺如來之子足球隊」呈足球恭賀供僧法會。

佛光會員的胸懷

(一)人在山林，心懷社會。
(二)立足本土，放眼世界。
(三)身居道場，普利大眾。
(四)天堂雖好，人間為要。
(五)法界無邊，家庭第一。
(六)今日一會，無限永恆。

佛光會員的胸懷

孔子云：「君子坦蕩蕩，小人長戚戚。」聖賢有聖賢的胸懷，凡愚有凡愚的胸懷。胸懷有多大，就能成就多少事業。一個人如果胸懷一家，就能做一家之主；胸懷一里，就能作一里之長；胸懷一國，就能作一國之君；胸懷法界，就能自在放曠，作法界之王。那麼，佛光會員應該具有什麼樣的胸懷呢？下面我以六點來說明我對諸位的期望：

1.人在山林，心懷社會：許多人一旦學佛，便急著離開塵世，幽居山林。其實我們不一定要在有形有相的山林裡居住才算出世學佛，所謂「安禪不必須山水，滅卻心頭火自涼」，我們將自己安住在無我無相的山林之中，對感情不執不捨，對欲望不貪不拒，對世間不厭不求，對生死不怕不離，從而出離五欲六塵，超越人我對待，才是所謂的出世修行。

學佛者不但必須擁有出世的思想，更應該具備社會的性格。《六祖壇經》云：「佛法在世間，不離世間覺，離世求菩提，猶如覓兔角。」又說：「佛法在眾生中求。」釋迦牟尼佛成道以後，為走入社會，接近大眾，清晨托缽乞化，餘時往來於皇宮平民之間，將菩提種子散播人間，以清淨法喜利樂有情，及至八十高齡，仍不憚辛勞，四處奔波弘法，這就是兼具出世思想與社會性格的最佳表現。希望佛光會員皆能以佛為師，具備人在山林，心懷社會的胸襟。

2.立足本土，放眼世界：佛陀說法，雖然以現在此世的人生為主，但一講到時間，總是涵括過去、現在、未來三世；一講到空間，就是三千大千世界；一講到眾生，也是十方無邊眾生。而佛教經典中，觀世音菩薩「遊諸國土，度脫眾生」，極樂聖眾「常以清旦，各以衣裓，盛眾妙華，供養他方十萬億佛。」凡此無不說明佛教是一個極具世界宏觀的宗教。翻開中外教史，攝摩騰、竺法蘭為譯經弘法，遠從印度來到中國；日本最澄、韓國義湘為學習大乘佛法，跋山涉水來到中原；美國奧葛特上校為復興錫蘭佛教，千里迢迢遠赴斯土；英國阿諾德教授為重建佛教聖地——菩提迦耶，四處奔走申訴；拉脫維亞的旦尼生主教為弘揚佛法，深入冰天雪地的北極圈；俄國的徹爾巴斯基博士為研習法義，數度前往印度、蒙古等地參學。由於古聖先賢具有開闊的心胸，不囿於陝隘的地域觀念，來往國際之間弘揚教義，互相學習，彼此觀摩，合作無間，不但使佛教聖諦因此傳播世界各地，十方眾生也得以均霑法益。我們佛光會員也應深思效法，立足本土，放眼世界。

3.身居道場，普利大眾：到寺院道場禮佛聽經固然很好，但法會、講座只是我們的源頭活水，最重要的是，如果能將法喜禪悅帶給家庭成員，將圓融義理運用在辦公室，將學佛利益告訴親朋好友，將佛教真諦傳遞給有緣之人，那麼家庭、教室、農村、商店、工地、軍營，乃至十字街頭、蓬舍陋巷也都可以成為我們的道場。《法華經》云：「所在國土，若有讀誦、解說、書寫、如說修行，若經卷所在之處，若於園中，若於林中，若於樹下，若於僧坊，若白衣舍，若在殿堂，若山谷曠野，是中皆應起塔供養，何以故？當知是處即是道場。」《維摩詰經》也說：「直心是道場，深心是道場，菩提心是道場，布施是道場，三明是道場，於一念間知一切法是道場。」佛光會員若能胸懷普利大眾的悲願，懂得觀機逗教的方便，則無論身在何方，都能以法水淨化人心，不管位在何處，都是我們的菩提道場。

4. 天堂雖好，人間為要：天人的思衣得衣，思食得食，壽命長久，輕安自在一向為人們所欽羡，但很多人不知道天堂雖好，也有不及人間之處，例如：人類能勇猛，勇猛能使我們精進修行，趨向佛道；人類能憶念，憶念能使我們記取痛苦的教訓，珍惜甘甜之不易；人類能梵行，梵行能使我們知道返觀自照，淨化三業。而天人卻因耽於逸樂，慧性常昏，不樂進修，所以福報享盡，身壞命終的時候，往往墮入惡道。人間雖有憂悲痛苦，但這些磨難挫折卻是成就甘露妙果的逆增上緣，因此佛陀以「盲龜浮木」來形容人身之可貴。有兩首偈語說得好：「人身難得今已得，佛法難聞今已聞，此身不向今生度，更待何生度此身。」「飢來吃飯睡來眠，只此修行玄更玄；說與世人渾不信，卻從身外覓神仙。」但願佛光會員們都能珍惜難得的人身，在日常生活中修行辦道，化人間為天堂，轉穢土為淨域。

5.法界無邊，家庭第一：世間上小至一微塵，大至整個宇宙，都是我們的法界。面對無量無邊法界，十方一切眾生，我們應該從哪裡著手實踐佛道呢？所謂「登高必自卑，行遠必自邇」，學佛應先從家庭和樂做起，因為家庭不但是蘊育生命的地方，也是社會的基本單位；不但是滋養色身的安樂窩，也是撫慰心靈的避風港。俗謂：「金角落，銀角落，不及家裡的窮角落。」社會的許多亂相都是源於破碎的家庭背景或不當的家庭教育，家庭的重要性可見一斑。因此佛光會員在家庭裡應做到以慈悲覆護家人，以智慧處理是非，以恭敬接待親眷，以道德攝受大眾，讓我們的佛化家庭在國家社會發揮淨化的力量，讓我們的菩提眷屬為後世子孫留下最佳的榜樣。

6.今日一會，無限永恆：一粒小小的種子播種下去，假以時日，就能長成高大的樹木，更何況大家參加佛光會，以會會友，共結善緣；廣學多聞，增加見識；參加活動，淨化身心；福慧雙修，提升人格；佛化傳承，全家受益，其果報必然無量無邊，無有窮盡。諸位有此殊勝因緣，可說「不於一佛、二佛、三、四、五佛而種善根，已於無量千萬佛所種諸善根」，所以應該珍惜這相聚的時刻，為弘法利生，共趣菩提而攜手邁進。

為了求名、求利，為了想上升天堂，甚至為了自身的健康福祉而行善結緣，均屬有相布施，其功德自有限量，佛光會員們若能有「不問別人能為我做些什麼，而問自己能為別人做些什麼」的精神，從建立美滿家庭、注重人間修行做起，繼而心懷社會，放眼世界，普利大眾，那麼今日的一會，將帶來不可限量的功德，今日的一會，也將留下永恆不朽的歷史。

國際佛光會世界總會各國代表 涖臨
every deputation of Buddha's Light International Association World Headquarters to
光山台南慈航幼兒園 Tzu Hang Nursery,

二〇〇四年供僧法會大慈育幼院表演

佛光會員應有的精神

(一)四大菩薩是我們的楷模

(二)天龍八部是我們的護法

(三)四大金剛是我們的力量

(四)十方諸佛是我們的理想

佛光會員應有的精神

精神是活力的泉源，精神是立業的基礎。

翻開中外歷史，國父孫中山先生抱定百折不撓的精神，推翻滿清，建立民國；美國的愛迪生憑著鍥而不捨的精神，發明創造，利人無數；英國的南丁格爾秉持慈悲耐煩的精神，率領護士遠赴前線服務，開後代紅十字會的先河；日本的松下幸之助本著刻苦勤奮的精神，發展電器事業，名聞全球，享有「經營之神」的美譽。佛光會是一世界性的佛教組織，佛光會員應具有何種精神，才能達到普利眾生的目標呢？

1. 四大菩薩是我們的楷模：一般人以為菩薩是泥塑木雕的偶像，其實菩薩是活生生的覺有情，凡是上求菩提，下化眾生的人，都可以稱為菩薩，所以太虛大師曾說：「比丘不是佛未成，但願稱我為菩薩。」

中國四大名山中的四大菩薩最足以代表大乘佛教無我利他的精神。例如：於普陀山示現的觀世音菩薩，本來在無量劫前成就正覺，號「正法明如來」，但因為悲愍眾生，而倒駕慈航，再來娑婆，尋聲救苦；於五臺山示現的文殊菩薩，本來在百千劫前證悟佛道，號「龍種上如來」，為七佛之師，諸佛之母，唯其志行菩薩道，恆以智慧方便利樂眾生，所以《胎藏經》說文殊「昔為能仁師，今為佛弟子，二尊不並化，故我為菩薩。」在峨眉山示現的普賢菩薩，其身相與功德遍一切處，純一妙善，並以恆久的十大行願，導引臨終有情往生極樂世界；在九華山示現的地藏菩薩，發下「眾生度盡，方證菩提，地獄不空，誓不成佛」的弘願，於二佛中間的無佛時代，廣度六道眾生。

由於四大菩薩具有悲智願行的偉大精神，所以大家將他們供奉在四大名山的輝煌殿宇之中，瞻仰膜拜，直至今日，依舊香火鼎盛，前來朝山者絡繹不絕。可見悲智願行不但是處世的良方，更是度苦的舟航。佛光會員應以觀音的慈悲，服務眾生；以文殊的智慧，導迷入悟；以地藏的願力，拔濟憂苦；以普賢的功行，廣度有情。讓佛教走入每個家庭，讓佛法傳遍世界每個角落。

2.天龍八部是我們的護法：所謂「天龍八部」，指的是行善享樂的天人、愚痴瞋恚的龍神、性情躁動的夜叉、專事奏樂的乾闥婆（樂神）、爭鬥不休的阿修羅、性情猛烈的迦樓羅（金翅鳥）、善喜歌舞的緊那羅（歌神）、貪婪邪諂的摩候羅伽（大蟒神），這些異類傍生受到佛陀的威德感化，住在諸佛的受用土上護持佛法。其實不僅天龍八部是佛教的忠實護法，在一些經典中，甚至記述地獄餓鬼投皈三寶座下，護法度眾的事蹟。也正因為佛陀的包容異己，方便攝受，佛教不但在五天竺迅速開展，而且遍撒菩提種子在十法界中，讓大家都有得度的因緣。

古德說：「有容乃大。」海不揀細流，故能成其大；山不辭細壤，故能成其高。國際佛光會創會以來，本著「同中有異，異中求同」的精神，不但接引十方信眾共襄盛舉，更接受其他信仰的人參加「佛光之友」，至今會員達百萬人。眼見佛教於世界各地蓬勃開展，相信大家的心裡必定非常歡喜，但是我們不能因此自滿，而應該再接再厲，以無限的悲心，無限的願力接引更多的人成為護法長城。

3.四大金剛是我們的力量：佛教的教育重視契理契機，權巧方便，對於一般的人，我們固然要慈悲包容，對於歹徒惡人，我們則要以威勢懾服。所以，一般寺院的山門外立著慈眉善目、笑口常開的彌勒菩薩，代表愛的攝受；有些道場的殿堂內，也供奉怒目圓睜，手持法器的四大天王，代表力的折服。

四大天王，指東方持國天王、南方增長天王、西方廣目天王、北方多聞天王，他們以種種威勢，摧破眾生煩惱，降伏外道怨魔，去除惑業障難，所以，世人又稱之為「四大金剛」，以此來比喻他們堅無不摧、殊勝威猛的力量。

佛教裡，以「金剛」為名之處甚多，像佛教經典中，有一部《金剛般若波羅蜜經》，以一切法空的真理警醒世人的我執；在修持法門中，有所謂「金剛三昧」能通達一切諸法，斷執去惑；在菩薩階位上，「金剛十地」菩薩已入聖位，永不退轉；在諸多戒法中，「光明金剛寶戒」是一切諸佛本源。乃至在佛門裡，有許多三寶弟子義務為道場奔走服務，誓護佛法，至死不渝，我們稱為「金剛護法」。一九九四年台灣七號公園的「觀音事件」之所以轟動一時，就是因為佛光會員挺身而出，發揮金剛般的堅毅力量，遏阻無明眾生污衊三寶。希望往後佛光會員仍能繼續見義勇為，以大精進的力量激濁揚清，以大無畏的力量破邪顯正。

4.十方諸佛是我們的理想：在《法華經》、《楞嚴經》中，觀世音菩薩自述在因地修習耳根圓通到了相當功行時，「盡聞不住，覺所覺空。空覺極圓，空所空滅，生滅既滅，寂滅現前。」佛陀則讚美觀世音菩薩「慈眼視眾生，福聚海無量」；在《金剛經》、《阿彌陀經》中記載：「如來是真語者，實語者，不誑語者，不異語者。」「十方諸佛，同聲讚歎釋迦牟尼佛於五濁惡世中能為希有之事。」在《維摩詰經》中，眾香佛國以香飯作諸佛事，而其他佛土中，「諸佛威儀進止，諸所施為，無非佛事。」維摩大士說：「隨其心淨，則佛土淨。」至於眾生為何見此土污穢？這正如螺髻梵王所說：「心有高下，不依佛慧，故見此土為不淨耳。菩薩於一切眾生悉皆平等，深心清淨，依佛智慧，則能見此佛土清淨。」

可見諸佛的世界沒有嫉妒瞋恨、人我是非，是彼此尊重、成就偉人的地方，佛光會員若能以十方諸佛作為理想的目標，則眼中所見無非是佛的世界，耳中所聽無非是佛的音聲，口中所言無非是佛的語言，手中所作無非是佛的事業。但願大家都能實踐諸佛的行誼與願力，將十方諸佛的精神散播開來，讓大家成為諸佛如來的化身，那麼當下就是淨土佛國。

今日的世界，邪魔群舞！十方的眾生，未度者仍多！佛光會員們，四大菩薩是我們的楷模，天龍八部是我們的護法，四大金剛是我們的力量，十方諸佛是我們的理想，希望大家發揮悲智雙運、包容耐煩、摧伏外魔、清淨六根的精神，弘揚佛法，廣度眾生。

二○○四年十二月南亞海嘯，國際佛光會捐贈物資運往棉蘭、亞齊兩地。

佛光會員的任務

(一)鼓勵研究佛學
(二)護持文教事業
(三)舉辦社會服務
(四)發展佛教教育
(五)推動國際弘法
(六)建設人間淨土

佛光會員的任務

「天生我才必有用」，大地萬物都有生存的任務，所以儘管是一塊微不足道的小石子，一顆小小的螺絲釘，如果能善盡職責，成就大眾，都能在世間占有一席之地。現在的社會之所以有「世風日下，人心不古」之譏，乃因許多人只貪圖權利享受，而不想盡責任義務，所以物質越加豐美，心靈反而越加腐蝕。處身於萬丈紅塵中的佛光會員，在這個世間上應負有何種任務呢？以下我分六點為各位說明：

1.鼓勵研究佛學：從過去以來，多數的佛教徒只重拜佛誦經，祈求福祿，所以不但不能提升層次，甚且有礙佛教發展，實在可惜！如果以學校為譬喻，誦經祈福只是小學的修持，如果要廣利眾生，還必須更上一層樓，做一個研究佛學，實踐佛法的真佛子。尤其大家都是抱定弘法利生的目標，同來參加佛光會，並非癡聚的烏合之眾，更應該精研佛理，彼此切磋，精進修持，互相勉勵，才能將佛法落實生活，利己利人。只是三藏十二部經，有如汗牛充棟，即使窮一生之精力，也未必能遍讀通曉；各種修持法門，也是精深浩瀚，令人不知從何下手。因此國際佛光會發行《佛教》叢書，分為教理、經典、佛陀、弟子、教史、宗派、儀制、教用、藝文、人間佛教等十類，每一類編纂成一冊，每冊三十萬字左右，力求條目清楚，文字簡潔，若能反覆閱讀，旁徵博引，必定能對佛法有完整的認識。希望大家都能在各地成立讀書會，藉著討論研究，達到解行並重、定慧等持的目的。

2.護持文教事業：慈善布施固然是修持之一，但文教事業更能跨越時空，廣利十方三世眾生。所以《金剛經》強調弘揚四句偈功德勝過三千大千世界七寶布施功德。經云：「若是經典所在之處，即為有佛，若尊重弟子。」又說：「諸供養中，法供養第一。」此外，佛教的十法行包括書寫、供養、法施、諦聽、披讀、受持、開演、諷誦、思惟、修習，凡此無非說明文教在佛教弘傳中占有十分重要的地位。

文教是佛教的慧命所在！有識於此，佛光會自成立以來，各地協、分會不辭勞苦，出版佛教書籍、《佛光世紀》，成立佛教文物中心、國際翻譯中心，發行錄音帶、錄影帶，舉辦梵音海潮音音樂會、電視電台弘法等等，佛光會員除響應追隨、發心護持之外，應百尺竿頭，更進一步。未來我們還可以成立佛教資訊中心、佛教報社、圖書館等，舉辦多種國際佛教會議，設置獎助學金，鼓勵大家撰寫佛教論文，創作佛教音樂、佛教歌曲，期能使佛法傳遍三千界內，妙諦普揚萬億國中。

3.舉辦社會服務：佛教非常注重社會服務，在經典中，佛陀曾說：「我是眾中之一。」又說：「佛法在大眾中求。」歷代以來的高僧大德，或修橋鋪路，方便行人；或施茶施燈，利濟行旅；或施粥施飯，救濟難區居民；或設立當舖、磨房，以利百姓急需；或舉辦義診、施棺，賑助貧民；或成立養老院、孤兒院，濟老扶幼。佛教對於國治民安實在是貢獻良多！

佛光會秉持佛陀廣度社會大眾的胸懷，除設有急難救助會，賑濟世界各地天災人禍、貧病疾苦之外，還舉辦淨化人心、把心找回來、環境服務、資源回收等活動，並組織服務隊為聯考考生、醫院病患、留學生、移民僑胞服務。今後，我們還應該成立電話法語中心、佛法諮詢中心、職業輔導中心、養老基金會、佛書交換研讀會、佛教慈愛團，讓社會各階層人士都可以得到佛光的普照，法水的滋潤。

4.發展佛教教育：佛光會與普通社團最大不同之處，在於佛光會不以社會福利事業為限，更注重發展佛教教育，以達到淨化人心的目的。

佛教，意謂佛陀之教，而佛陀本身就是世界上最偉大的教育家。由於佛教的教育直指人心，活潑無礙，所以能適應各種時空，發揚人性光明的一面。像佛陀以長行、重頌、譬喻、本事等各種方式觀機逗教，度眾無數；勝鬘夫人在宮中為婦女、兒童敷演妙諦，為婦女法座會、兒童佛學班之濫觴；東晉末年，道安大師率徒輾轉避難，齋講不倦，以其學養深厚，成為許多長安士族請益的對象。凡此都說明佛教教育走在時代的前端，成為影響社會的清流砥柱。

佛光會經常舉辦各種佛學講座、佛法座談會，對於人心之美化不無小補，除希望大家能踴躍參與、共襄盛舉之外，更希望有志加入弘法行列的青年男女參加八關齋戒會、短期出家修道會等活動，乃至進入佛教學院、勝鬘書院就讀，接受佛教教育的洗禮，必定能更進一步將佛法勝義推廣到社會各個階層。

5.推動國際弘法：所謂「宗教無國界」。正信宗教追求至真、至善、至美，所以能超越時空，佛教的教主佛陀來往天上人間、佛國淨土說法度眾，是為國際弘法的先驅；佛法的真理主張眾生平等、重視羣我關係、提倡融和交流、具有包容精神，所以在短期間內從恆河中游發展到整個印度。兩百年後，在阿育王及其他高僧大德的努力之下，佛法更從印度傳播至東南亞諸國、西藏、蒙古及中、日、韓等國，使佛教成為具各民族特色的世界性宗教。如今科技進步，資訊發達，國際弘法的因緣已趨成熟，尤其目前隨著人類的心靈枯竭，社會風氣普遍惡化，國際弘法成為當務之急。國際佛光會員立足本土，放眼世界，對國際弘法應具備當仁不讓，直下承擔的決心，以前瞻性、全面性的觀點來共同推動，例如：在人才方面，我們應該自我培養正知正見、功德清望，並且發心成為解行並重的檀講師；在語文方面，我們應該備有各種語文的資料，目前佛光會已有英、日、韓、德、俄、西班牙、葡萄牙等譯作出版，但仍嫌不足，在此希望佛光會員們不但盡力培養自己的語文能力，而且應該接引更多的當地人來弘揚佛法，讓佛教的菩提種子在世界各個角落生根結果。

6.建設人間淨土：每一尊佛有每一尊佛的淨土，阿彌陀佛以四十八願來完成西方極樂淨土，藥師如來以十二大願來實踐東方琉璃淨土，佛光會員應該效法十方諸佛，發心立願在人間創造我們的淨土。

我們應如何建設人間淨土呢？瑞士、美國重視自由和平、人權平等、社會福利；日本、泰國倡導佛教信仰，尊重宗教師，維護社會安寧……這不正是人間淨土的體現嗎？所以，一個國家如果能做到國富民安、繁榮進步，這個國家就是一方淨土；一個社區如果能做到守望相助、彼此關懷，這個社區就是一方淨土；一個家庭如果能做到父慈子孝、兄友弟恭，這個家庭就是一方淨土；一個人如果能做到慈悲為懷，人我平等，這個人的內心就是一方淨土。簡言之，淨土不在他方世界，也不必求來世往生，如果大家都能從心理上自我健全，自我清淨，自我反省，自我進步，從而擴及到家庭、社區、國家，那麼整個世界就是佛光普照的人間淨土。

各位佛光會員們，我們有六項任務：鼓勵研究佛學、護持文教事業、舉辦社會服務、發展佛教教育、推動國際弘法、建設人間淨土。大家應當自許為社會的中堅、佛教的尖兵，以無上的悲心、無比的願力來完成我們的任務！

迎向嶄新的未來，共建美好的佛國。

佛光會的方向

(一)從僧眾到信眾
(二)從寺院到社會
(三)從自學到他學
(四)從靜態到動態
(五)從弟子到教師
(六)從本土到世界

佛光會的方向

俗謂：「好的開始是成功的一半。」凡事在開始的時候，立定一個正確的方向努力向前是非常重要的。例如，同樣是學佛修行，目的在開悟見性，有的人朝著聲聞道的方向趣入，有的人朝著菩薩道的方向趣入，二者的結果就有很大的差別。「方向」既是如此重要，今天我們就來談談佛光會的四個方向：

1. 從僧眾到信眾：僧，有形象僧，有勝義僧。出家僧眾住持正法，固然被稱為僧寶，如果在家信眾心在佛道，身行佛法，又何嘗不是勝義僧呢？例如：在經典中，維摩居士挺身而出，喝斥小乘行人不達實相；勝鬘夫人自說大乘法門，闡釋如來藏義；寶錦龍女不卑不亢，與文殊菩薩暢論空義；月上童女凌空說法，破眾貪欲。在歷史上，斐休宰相為圭峰宗密之著述撰寫序文，迎黃檗希運於宛陵共論禪道；耶律楚材以柔輔政，以慈止殺，使萬千生靈免於塗炭之苦；楊仁山成立金陵刻經處，講學於祇洹精舍，開中國近代佛學之風；呂碧城將佛經譯為英文，斥資流通，乃佛法傳入歐美的功臣之一。凡此可見在家信眾之中，不乏才幹之士，國際佛光會成立的主要目的，就是要將全球廣大的在家信眾組織起來，予以培訓，使他們也能發揮一己的力量，擔負弘法大任。我深信，僧俗二眾若能合作無間，相輔相成，則猶如超人同運雙臂，大鵬高展雙翼，必定可以將佛教帶入更高更遠的境界。

2.從寺院到社會：過去的人想要聽經聞法都必須到寺院裡去，沒有寺院的地方鮮有佛法可言，因此我們在世界各地成立佛光會，期使全球每個角落都能佛光普照，法水長流。佛光會員除了以當仁不讓的決心，在各地開疆拓土，遍撒菩提種子之外，更應深入本土社會，參與淨化人心的工作。

只要我們有心，不但國家會堂、公園廣場、十字街頭、學校教室可以作為弘法的道場，乃至廠房車庫、監牢獄所、家庭客廳、公司行號都可以成為布教的講堂。希望各位會員都能同心同德，將我們的家園建設成佛化的社會。

3.從自學到他學：過去農業時代，交通不便，想要研究佛理，大部分都只能靠自修閱讀，所以為了求法，善財童子不惜千辛萬苦，南巡參學，遍訪五十三位大善知識；玄奘大師冒著生命危險，西行取經，走訪百餘個國家；年高八十的趙州禪師翻山越嶺，一介女身的無盡藏尼踏破芒鞋。他們刻苦求道的精神是我們學習的榜樣，不過現代科技進步了，人類彼此之間往來頻繁，我們可以更有效率地取擷佛法真理，況且成就獨覺果位不但屬於少例，也不符合一般人的根性。所謂「獨樂樂不如眾樂樂」，像《楞嚴經》中，佛陀集合二十五位菩薩、聲聞，共論圓通法門；《圓覺經》中，十二位大士聚集一堂，與佛陀問答圓覺妙理，凡此均令在場眾生悉發無上道念。所以我認為：參學不僅應該「向他學」，還必須「助他學」，各位佛光會員可以成立讀書會、研究會、討論會、座談會，邀請法侶道友，互相切磋，或者自己做不請之友，為人講說，以期教學相長，自他二利。

4.從靜態到動態：昔日佛教的弘傳方式，崇尚參禪打坐、念佛觀想，這固然是個人修持上不可或缺的訓練，但太過注重的結果，使得許多人誤解佛教是一個消極避世的宗教。

其實佛教有八萬四千種法門，早期弘傳教義的方式不但積極入世，也非常活潑；像佛世時，即以歌詠讚唄傳法給跋提比丘、優波利尊者、目連、阿難、難陀、婆耆舍等人；佛陀每次說法前，也總是發出各色毫光，並以各種悅耳的音聲，讓聽眾見聞歡喜，而天龍八部也紛紛奏樂散花，一面表示禮敬，一面助長聲勢；每天清晨，佛陀與諸弟子都藉著托鉢乞食，深入民間，為眾說法；西元二世紀，馬鳴菩薩、戒日王甚至自編佛舞、佛劇，請人演出。宋朝理學家朱熹曾說：「問渠那得清如許，為有源頭活水來。」止水固然可以看清自己的本來面目，流水順勢俯衝，遇石則轉，在動中凝聚力量，在動中隨緣任運，不是更能發揮生命的活力嗎？

所謂「法輪常轉，佛日增輝」，法輪要經常轉動，佛教才能興隆，尤其在今天這個注重聲音、色彩的世界裡，我們更應該動員大家一起共修、巡訪寺院、朝山禮佛、聽聞佛法。此外，我們還可以動員大家舉辦園遊義賣、發起聖歌表演、舉行素食比賽、成立各種球隊。

古德說：「天行健，君子以自強不息。」宇宙間，春夏秋冬、生老病死、成住壞空、開花結果，哪一樣不是在動中展現生機？在動中自我更新？希望大家把握「動」的契機，將大家動員起來，行菩薩道，將佛教帶動起來，光照普世。

5.從弟子到教師：社會上，一般的機關行號都會就員工的工作年資、業績表現給予升遷的管道，但是在佛教界，在家信眾儘管皈依多年，學養深厚，卻只能以弟子自居，無法提升地位。為打破這種不平等的現象，佛光會特地建立檀講師制度，凡符合條件者，經由總會審核後，均須以檀講師、檀教師、檀導師資格，期使有德有能者都能從弟子提升為老師。

宇宙何其浩瀚！唯有僧俗二眾同心協力，弘揚法義，才能廣度三千世界的四生九有。所以在佛經裡，佛陀經常讚歎衛法護教不遺餘力的善男信女、天兵神將，乃至傍生異類、閻羅鬼王，授記他們將來得以悟道成佛，普度眾生如恆河沙，這無非是一種肯定成就的鼓勵。觀音、彌勒、文殊、普賢經常遊走四方，弘法利生，所以大家尊稱他們為「大士」，「大士」就是導師之意。希望大家都能見賢思齊，不斷充實自己，研究佛學，好好把握機會，考取檀講師、檀教師、檀導師，共同為弘揚佛法而努力。

6.從本土到世界：佛教向來沒有地域觀念，我們的教主釋迦牟尼佛每逢說法，非以一地、一國為對象，說到地方就是三千大千世界，談到聽眾就說十方一切眾生，甚至佛陀涅槃以後，舍利還分到八個國家。《維摩詰經》中，眾香佛國香積如來以香氣盛滿香飯，遣九百萬菩薩來詣娑婆世界，供養釋迦牟尼佛；《阿彌陀經》裡，極樂世界諸上善人每日清旦，各以衣裓，盛眾妙華，供養他方十萬億佛……，凡此都說明了佛教是一個極具世界宏觀的宗教。所以，我們設立國際佛光會，就是希望大家能從本土的佛教擴展開來，與世界各地的佛教互通訊息，合作無間，期使每一地與每一地之間的佛教都能如梵網寶珠一樣，交相輝映，光照大千，讓一切眾生都能共沐在佛陀的慈光之中，於無上菩提道永不退轉。

佛光會的方向是從僧眾到信眾，從寺院到社會，從自學到他學，從靜態到動態，從弟子到教師，從本土到世界，所謂「茍日新，日日新，又日新」，我希望大家都能從傳統的窠臼中跳脫出來，迎向嶄新的未來，共建美好的佛國！

佛光會員要光大聖教、圓滿菩提

佛光會員應有四種性格

(一)群我要有國際性格
(二)佛法要有人間性格
(三)理念要有未來性格
(四)制度要有統一性格

佛光會員應有四種性格

佛光會員除了要發揚佛光會的宗旨、性格、使命、目的外，會員本身還要有四種性格，才能強化素質，增進能力，這四種性格是：

1.群我要有國際性格：現在世界各國紛紛由專制獨裁進展到民主自由，由一元進展到多元，由靜態安定進展到動態競爭，由農業進展到工商業。在新社會中，隨著個人意識加強，私人自由增多，群我之間的活動發生密切的關係，個人的事務成為公眾的事務，公眾的事務也成為個人的事務，群我之間關係越來越密切。再加上近年來科技進步，資訊發達，社會的活動不再由國家主控，而是由一群人與一群人、組織與組織之間的互動關係所引導，整個世界儼如一個國際大家庭，如果我們能由此體悟「萬法緣起」的真理，進而互助合作，自他兼濟，則《華嚴經》中光光相攝、重重無礙的理想世界將是指日可待之事。我們佛光會員走在時代的前端，自當身先士卒，以「群我國際化」的觀念引領世人邁向和平大道。因此，我在這裡建議諸位會員：

⑴每個月至少得到一次國際資訊，以與世界脈搏同步跳動。

⑵一年至少要招待十位國際朋友，以促進彼此交流。

⑶一年至少要對國際人士提供五次協助，以廣結善緣。

⑷每三年至少要有一次國際旅行，以增進見聞。

2.佛法要有人間性格：佛教是以「人」為本的宗教，因為人是十法界上升下沉的樞紐，所以不唯十方諸佛皆在人間成道、度眾，所有的高僧大德也都是在人間修行、弘法，像菩提達摩的一葦渡江，法顯、玄奘的西行取經，鑑真、隱元的東渡弘法，乃至寒山、拾得的典座行堂，無非都是為了將佛法落實人間，以妙諦利喜眾生。

遺憾的是，許多人一開始學佛就急著閉關修行，以求了生脫死，其實生的問題尚未解決，焉能談死？阿彌陀佛雖慈悲接引眾生往生淨土，但也說：「不可以少善根福德因緣得生彼國。」不先福利人間，積集道糧，那裡能了生脫死？

佛陀之所以成就佛道，也必須在人間「三祇修福慧，百劫修相好」。不先成就人間事業，不先莊嚴人間世界，而想自己一個人成就正覺，實無異緣木求魚，無有是處！

佛光會員要光大聖教，圓滿菩提，必先要有「佛法人間化」的觀念，所以我希望各位能做到：

(1)思想言行人間化：我們要歌頌人間的善美，讚歎人間的和樂，推動利他的工作，發起助人的服務，尊敬賢者，友愛同儕，感恩知足，喜捨為善，創造美好的人間。

(2)發心立願人間化：我們要發向道心，健全自我；發慈悲心，普利群生；發頭陀願，努力作務；發菩提願，完成佛道。只要對人間有心，對眾生有願，必能莊嚴人間道場，利益人間有情。

(3)福樂財富人間化：我們要鼓勵淨財的增多、禪悅的妙用，即使人間福樂財富有限，我們也應從佛法裡體會無窮的法樂，從信仰裡探索無盡的財富，從而擁有全面的人間。

(4)修行實踐人間化：五戒十善、四無量心、四弘誓願、六波羅蜜都是人間化的修行法門，大家若能依教奉行，努力實踐，人間就是淨土。

3.理念要有未來性格：過去的佛教界思想故步自封，行事墨守成規，既缺乏高瞻遠矚的見解，又沒有大刀闊斧的魄力，只求隨緣隨喜，所以佛化事業乏人問津，即使在教理、教制上創新突破，也有後繼無人之虞。在進入瞬息萬變的二十一世紀之際，如果佛子們繼續保持因循苟且的態度，恐將無法因應世局，遑論光大聖教，利濟眾生。所以，我在此呼籲所有佛光會員們應將「理念未來化」，並且做到下列四點：

(1)注意未來的世界趨勢：未來的世界充滿危機與轉機，所涵蓋的層面包括社會、科技、環境、經濟、政治，它們交相影響，變化迅速，我們唯有主動了解，洞悉變數，因應變化，才能掌握未來。

(2)研究未來的佛教發展：佛教的發展必須與時俱進，才能發揮應機度眾的功效，所以我們應該積極研究未來佛教發展的方向，並且統籌策劃，讓佛教的資源得以有效使用。

(3)前瞻未來的佛光會務：佛光會任重道遠，我們應該為弘法、教育、文化、活動等會務釐訂五年、十年、二十年、五十年，乃至百年計畫。

(4)規劃未來的人生步驟：阿羅漢道有四向四果，大乘菩薩有五十二個階位，凡此顯示佛教是一個講究生涯規畫的宗教。佛光會員也應分析自己的個性，為未來訂下計畫。善於說法者發心考取檀講師、檀教師、檀導師；樂於文教者研究經論，以文字般若弘法利生；擅於行政者，除參加佛光會舉辦的幹部研討會之外，自我也應該充實相關知識；樂於修持者，一門深入，多方參學。

4.制度要有統一性格：大乘佛教的八大宗派，禪門的五家七宗，各有道風，這是很正常的。然而各家的佛像式樣、寺院規模、禮儀程序、慶典方式也是五花八門，各具特色。長此以往，大家各行其道，結果削弱佛教的力量，實在可惜！

有規矩，才能成方圓，佛光會想要持續發展，必得要將「制度統一化」，例如：

(1)蓮花手印統一：只要一看到蓮花手印，就知道彼此在打招呼。

(2)佛光會服統一：走到世界各地，立刻可以感受到團隊的精神。

(3)修行方法統一：無論行至何處，都能暢懷共修，交流心意。

(4)唱頌偈語統一：從共同的理念達到三業的清淨，教團的和諧。

除此以外，我們還要有統一的助念程序、活動方式、會議程序、禮儀稱呼，大家都能在一師一道的原則下，團結合作，共創美好的未來。

如果大家都能以「群我國際化」自利利他，以「佛法人間化」利喜眾生，以「理念未來化」突破創新，以「制度統一化」凝聚力量，則佛光會必能迅速發展，度眾有成。

國際佛光會世界總會於創立之初即發行《佛光世紀》刊物

《佛光世紀》發行的功能

(一)聯絡會員的感情
(二)提供會員的資訊
(三)促進會員的認知
(四)增加會員的修學

《佛光世紀》發行的功能

國際佛光會成立多年來，已擁有兩個總會、一百多個協會，及分布在全球各地百萬以上的會員。世界總會為加強各協會之間的聯繫了解，於創立之初即發行一份屬於總會的刊物，訂名為《佛光世紀》，其後隨著各地會務蓬勃發展，各個協會如美國洛杉磯、紐約、加拿大溫哥華、多倫多、法國巴黎、英國倫敦、德國柏林、澳洲雪梨、昆士蘭、馬來西亞、香港、菲律賓、日本東京、大阪以及台灣的中華佛光總會也紛紛編印當地的《佛光世紀》，一時之間，林林總總，熱鬧非凡。我希望今後每個協會都能發行一份屬於當地協會的《佛光世紀》，以月刊、雙月刊或季刊方式推出，因為《佛光世紀》具有下列功能：

1.聯絡會員的感情：由於佛光會員散居世界各地，各人有各人的思想見解、生活習慣，加上平時不常見面，彼此的情誼唯有靠《佛光世紀》來傳遞維持。因為透過《佛光世紀》的佳文共賞，可以抒發感情，引起共鳴；經由《佛光世紀》的會友通訊，可以相互了解；此外，由《佛光世紀》的花絮報導，可以添加生活情趣；從《佛光世紀》的世界奇聞，可以豐富日常知識。

2.提供會員的資訊：《佛光世紀》主要是讓會員了解佛光會做了什麼事。例如：總會推動會務的方針、作法，協、分會的各項活動，各地佛教發展近況等等，在工商業忙碌的社會中，這些資訊能讓每一位會員知道佛光會的最新動態，乃至教界的重大新聞，也是人生一樂！

3.促進會員的認知：《佛光世紀》介紹闡述佛光會的宗旨、目標、精神、理念，乃至規章、條款等等，能加深會員對佛光會的了解。此外，藉著督導、會長、幹部、檀講師等的開示法要，或各類開會決議摘錄等，也能加強會員對佛光會的凝聚力。

4.增加會員的修學：目前各協會出版的《佛光世紀》，經常刊登會友們修持的心得、處世的感想，讀後心有戚戚，能增進會員讀者的信心道念。有些協會的《佛光世紀》還對當地社會問題、工作就業問題、子女教育問題、婆媳夫妻問題等多有探討，讓大家從中不斷提升自己的心靈，實在是一件令人可喜的現象。此外，我更希望《佛光世紀》能像函授學校一樣，提供會員修學園地，對於佛學名相、佛法概論、佛教經典、佛教人物等等都能作有系統的介紹，讓大家都能藉著這份刊物，增進自己的佛學素養。總之，收到一份內容充實的《佛光世紀》，就好像面對良師益友一般法喜充滿，我們怎能不用心經營擘劃？

《佛光世紀》可以聯絡會員的感情，藉著文字交流心得；可以提供會員的資訊，增廣大家的見聞；可以促進會員的認知，凝聚對佛光會的向心力；可以增加會員的修學，豐富我們的人生。因此希望大家能踴躍投稿，發表意見；提供資訊，充實內容；能互相勉勵，努力耕耘；能發心護持，樂捐贊助。

二〇〇四年九月國際佛光會世界會員大會於佛光山召開

怎樣做個佛光會員

(一)做一個同體的慈悲人
(二)做一個共生的地球人
(三)做一個明理的智慧人
(四)做一個有力的忍耐人
(五)做一個施捨的結緣人
(六)做一個清淨的修道人
(七)做一個歡喜的快樂人
(八)做一個融和的佛光人

怎樣做個佛光會員

明、清以後的佛教徒總以為隱居山林，不問世事，才算修行，以致佛法真理幾乎在世間隱沒消失。幸賴民國以來，有志之士挺身而出，極力闡揚佛陀的弘法精神，雖已逐漸喚起佛子的偏差觀念，但由於長久以來佛教徒囿於門戶之見，始終無法放開心胸，大步邁進。成立佛光會即是為了帶動佛子一起深入城鄉，關懷羣眾，甚至超越國界，弘化全球，為眾生分擔更多憂苦，為社會承擔更大責任。我們應如何扮演好自己的角色呢？在此提出八點建議供大家參考：

1.做一個同體的慈悲人：佛教一向提倡「慈悲為本，方便為門」，然而什麼是真正的悲呢？目前的社會中許多人都在宣導愛心，提倡救人濟世，但是進一步探究，發現其形式與內容，往往是由上對下，由有對無，由富對窮，由大對小，就整體而言，仍有不夠徹底，不夠普遍的缺失。

佛教的慈悲之所以崇高偉大，是希望人人都來做同體的慈悲人，即我對你慈悲，不是因為我尊你卑、我有你無、我富你窮、我大你小，而是基於萬物一體、自他不二的理念來奉行「無緣大慈，同體大悲」的平等思想。像佛教裡比丘護鵝、割肉餵鷹、龍身餵蟻、貧女一燈等故事中的主人翁，他們並沒有顧到自己能力的多寡，只是一心想要對方好，甚至為了照亮一切眾生，不惜奉獻身命財物；而睒子的愛護大地、林逋的梅妻鶴子，更是將自己融入山河萬物之中，不見慈悲之相了。

經云：「有情無情，同圓種智。」佛光會員應該做一個同體的慈悲人，以平等無我的精神，將慈悲普及於一切。

2.做一個共生的地球人：成立佛光會的目的，不只是佛教徒幫助佛教徒、本國人幫助本國人而已，我們要大其心、厚其德，做一個與天地萬物共生的地球人。所謂「共生的地球人」，就是要認知大家共同生存在一個地球的事實，所以唯有彼此包容、互助合作，才能共存共榮。

記得四十年前我從大陸來到台灣，本地人一直都稱我為外省人；一九八九年，我回到故鄉揚州，大陸同胞卻說我是台灣來的和尚，我突然迷惑起來：「我究竟是哪裡人呢？」後來，我又到澳洲、美洲、歐洲、俄羅斯等地雲遊弘法，我發覺雖然自己不是金髮碧眼，但是只要我能隨遇而安、尊重對方，無論天涯海角、東西南北，哪裡不是我的家鄉？於是，我立志做一個地球人。

這個世界上，國與國之間戰爭不斷，人與人之間黨同伐異，都是因為大家不能體會「同體共生」的真理，所以亂相叢生，永無安寧。佛光人以普利羣生為己志，首先應該擴大自己的胸襟，做一個共生的地球人。

3.做一個明理的智慧人：知識發達、物質豐富之後，現代人的精神生活不但未見提升，反而經常在焦慮、憂愁中翻雲覆雨，最根本的原因就在於自己不明事理，甚至被外在的知識困惑成「痴」。由於心頭常被無明烏雲覆蓋，不能顯發清淨自在的般若智慧，自然痛苦連連。但是「公說公有理，婆說婆有理」，什麼才是真正的理呢？真理並不是基於某一個人的主張，而應該具有平等性、普遍性、必然性，必須經由大家來共同認定。三藏十二部經闡述了許多世間的真理，但畢竟是標月之指，我們必須起觀修行，才能領悟世間的實相。《壇經》云：「一切般若智，皆從自性而生，不從外入。」所以，要做一個明理的智慧人，不但必須勤讀經典，更重要的是，要思惟法義，如理實踐，反觀自照。

目前社會提倡慈善救濟固然很好，但是並不能根本解決人類的痛苦，如何培養社會大眾有明理的智慧，才是當務之急，希望佛光會員對此能有深刻的認識，並且提出辦法積極改善。

4.做一個有力的忍耐人：現在的青年由於沒有受過苦難的磨練，大都心性脆弱，別人的一句話，一個眼色，都足以難過幾天，甚至吃不下飯、睡不著覺。我們佛光會員要面對群眾、弘揚佛法，要深入社會、廣度有情，必定會遇到各種境界，最迫切需要的，就是培養忍耐的力量。

忍耐並不只是罵不還口、打不還手，這都是消極的忍耐，我們要進一步做到忍寒、忍餓、忍勞、忍怨、忍衰、忍謗、忍苦，甚至忍利、忍名、忍樂、忍稱。古來的祖師大德，像玄奘大師、密勒日巴尊者為求真理，忍人所不能忍；鑑真大師、鳩摩羅什為弘法度眾，行人所不能行，由於他們能忍受一切好、壞境界，所以為佛教開創遠大的未來。古今中外的聖賢豪傑們，殺生成仁，捨身取義，更是將忍耐的真諦發揮到極致。

反觀現代人為一己之私，逞匹夫之勇，耍狠鬥亂，但是一旦拳頭伸出來，力量就瓦解崩潰了；一旦怒氣發出來，弱點也就暴露無遺了。佛光人不同俗流，我們要效法前賢，為佛教、眾生做一個有力的忍耐人。

5.做一個施捨的結緣人：佛陀曾告訴等行菩薩：「若菩薩能代一切眾生受諸苦惱，亦復能捨一切福事與諸眾生，是名菩薩。」我們要上弘下化，除了做一個有力的忍耐人之外，也要做一個施捨的結緣人。

佛教最強調「廣結善緣」，我覺得世間上沒有比這四個字更美好的了。雖然現代科技一日千里，交通便利、資訊發達使整個世界儼然是一座「地球村」，但是由於人與人之間缺乏溝通了解，所以依舊紛爭不斷，禍亂層出。解決之道，就是大家都來做施捨的結緣人，藉著喜捨布施，將彼此的關係拉近。

一般人說到施捨，總是想到金錢、物質方面的給予，其實佛教的布施結緣並不限於財物的供給，我們的一舉手、一投足、一個微笑、一聲招呼，只要是發自內心的真誠，讓對方產生信心、歡喜的，都是施捨的內容。經云：「一切供養中，法供養第一。」在諸種施捨當中，勸勉向上、慰苦分憂能使人振奮精神，受益無窮，尤其是佛法的開示、經文的解說能濟三世之苦，最為究竟。所以佛光人要做一個處處施捨、供養佛法的結緣人。

6.做一個清淨的修道人：《般泥洹經》云：「譬如溪水清，其中沙礫青黃白黑，所有皆見。得道之人，但心清故，所視悉見。欲得道者，當淨其中心。如水渾濁，則無所見，持心不淨，不得度世。」清淨身心，是悟得道果、自利利他的首要步驟。

佛教經常以「蓮花」作為標幟，目的就在取其清淨芳潔的象徵，提醒佛子們應在濁世中淨化自己。《大寶積經》說：「譬如高原陸地不生蓮花，菩薩亦復如是，於無為中不生佛法。譬如卑濕淤泥中，乃生蓮花，菩薩亦爾，生死淤泥、邪定眾生，能生佛法。」因此，「清淨」不是離世避俗，另覓淨地，而是在煩惱中淨化自己。儘管世間濁穢不已，只要我們自己是一顆清淨的種子，就能以塵勞為滋養，綻放蓮蕾，散播芳香。

過去政府經常表揚一些從事慈善救濟的宗教團體，這固然無可厚非，但如果一味鼓勵宗教團體做慈善事業，那麼宗教團體和一般社會團體有什麼不同？宗教的價值是在信仰、教育，在淨化社會、匡正人心，並非只有捐獻的價值。我們佛光人應以清淨的修道人自許，積極從事教育、文化方面的事業，向深處紮根，向廣處延伸，帶動社會大眾共同建立佛光淨土。

7.做一個歡喜的快樂人：過去的佛教徒一味講「苦」，讓一些有心入門的人望而生畏，裹足不前。其實，佛教講苦，是為了讓大家正視苦的現象，從而求取快樂的方法。像佛陀雖然早已悟道，但為了「示教利喜」，降誕世間；而觀世音菩薩之所以倒駕慈航，迴入娑婆，也是為了「拔苦與樂」，可見「歡喜」才是佛教的本質，「快樂」才是學佛的目的。因此我們要效法諸佛菩薩的慈心悲願，將歡喜的種子散播到世間每一個角落。

我們的會員，有的到孤兒院服務，有的到老人院奉獻，有的在醫院當義工照顧病患，有的做愛心媽媽撫養幼兒，有的加入你丟我撿的行列，有的致力於掃街種樹，有的在監獄裡布教說法，有的到戒毒所輔導毒友，有的做不請之友到處結緣……，這些都是為了給人歡喜。

說到給人歡喜，必須自己先歡喜，否則有如飢者施食，無有是處。佛光會員想要做一個歡喜的快樂人，必須凡事往好處想，往大處想，往遠處想，往光明面想，希望大家都能擁有歡喜的生活、歡喜的家庭、歡喜的事業、歡喜的人際關係，讓世間上每一個人都成為歡喜的快樂人。

8.做一個融和的佛光人：我們想要達到世界和平，必須先重視融和，不但應該做到男女老少融和、貧富貴賤融和、士農工商融和、國家種族融和，甚至應打破種種藩籬，讓宗教與宗教之間融和起來。尤其是我們佛教，更應該以身作則，謀求禪宗與淨土融和、顯教與密教融和、南傳與北傳融和、傳統與現代融和。我們佛光會員要弘揚佛法，必須把佛法與文學融和起來，把佛法與藝術融和起來，把佛法與生活融和起來，把佛法與科技融和起來，甚至把佛法與世間的各行各業融和起來，唯有融和，才能佛光永普照，唯有融和，才能法水永流長。

國際佛光會不屬於某一個宗派、某一個寺院，也不屬於某一個人，它是一個國際性的團體，我希望各位佛光會員也應該具備宏遠的世界觀，做一個同體的慈悲人，做一個共生的地球人，做一個明理的智慧人，做一個有力的忍耐人，做一個施捨的結緣人，做一個清淨的修道人，做一個歡喜的快樂人，做一個融和的佛光人。

二○○三年十二月國際佛光會中華總會
優秀分會暨優秀會員表揚典禮

怎樣發展佛光會

(一)希望大家做一個好會員
(二)希望大家做一個好義工
(三)希望大家做一個好記者
(四)希望大家做一個好幹部

怎樣發展佛光會

古德曾說：「人定勝天。」又說：「天時不如地利，地利不如人和。」任何一個事業組織都是眾緣和合而成，但論及發展，則首重其成員的良窳，佛光會當然也不能例外。所以我們應當如何發展佛光會？下面是我對各位會員的期望：

1.希望大家做一個好會員：一個好會員除了要繳付會費，以充實本會弘法利生的力量之外，還要積極參與本會舉辦的各種活動，藉此開發潛能，廣結人緣，增進辦事效率，同時接引更多新會員，發揚本會佛光普照的宗旨。

此外，身為一個好會員應該發揮佛光人的特色，將佛法運用在日常生活中，敬上慈下，夫妻相敬，創造幸福美滿的家庭生活；在個人工作崗位上盡忠職守，精進不懈：在社區裡，敦親睦鄰，排難解紛；公餘之暇，研習佛法，吸收新知；日常修持時，不斷反省、懺悔、發願、回向。以此精益求精的態度向前邁進，不只個人生活達觀法喜，也能帶動親朋好友學佛，對於會務的推展大有助益。希望大家不僅要以佛光會為榮，更進一步要有榮耀佛光會的心。

2.希望大家做一個好義工：所謂「義工」，就是義務做事，不求報償的人。釋迦牟尼佛本於無數塵沙劫前證悟成道，但為了示教利喜，再入娑婆弘法利生，是宇宙中最偉大的義工；觀世音菩薩遊諸國土，二六時中，尋聲救苦，是世界上最勤奮的義工。佛光會成立多年來，秉承諸佛菩薩慈悲喜捨的胸懷，深入社會，提供各種輔導弘化，或至監獄弘法布教，或至學校宣導戒毒；抱持「人飢己飢，人溺己溺」的精神，深入山野施診醫療，勇赴災區撫卹難民；本著同體共生的理念，響應環保運動，在烈日曝曬下掃街植樹，在風雨交加下回收廢紙；揭櫫淨化人心的目標，舉辦活動，福慧雙修。

佛光會的活動提供大家來當義工，佛光會的理想需要各位會員具有義工的發心精神來共同完成。希望大家能發揮見「義」勇為的菩薩性格，讓世界更臻美好，這就是佛光會員理想的義工形象。

3.希望大家做一個好記者：這是一個資訊的時代，透過各種傳播工具，大家可以共享佛光會普利世間的成果。例如：閱讀《佛光世紀》可以增進彼此了解；藉著佛光錄音帶和佛光會手冊，能使社會大眾認識佛光會的精神和意義。在此希望人人都自許為佛光記者，在日常生活中，見到佛光會的好人好事，或自撰文稿，或口述宣揚，或邀請記者採訪，發表於佛光會的刊物及其他報章、雜誌、電視、電台等傳播媒體，並且自動提供現代因果、人間傳奇及前瞻性、啓發性的文章故事、戲劇音樂等，讓大家共同欣賞。讓我們訓練自己成為一個好記者，搭建佛光的橋樑，一起攜手為社會做出巨大的貢獻。

4.希望大家做一個好幹部：在佛光會，發心、熱忱、有理想、勇於承擔的會員，往往進一步被推選為分會或協會的組長、祕書、副會長、會長，甚至督導、督導長等職務，負起指導會務、指導會員的重任。也許有些人會說：「我不想當領導人。」但是，時間會推動大眾成長，歷史會推動大眾向前，如果我們苟且偷安，畫地自限，將何以模範後學，開展會務？所以即使是新加入佛光會的會員，也應該以學習擔任幹部的心情參與其中。

什麼是優良幹部的條件呢？一個稱職、受歡迎的幹部必定懂得以身作則，勇於任事，並且懂得提拔人才，運用集體的智慧與大眾的經驗，策劃各種有意義的活動，將佛光會濟世利民的理念發揚光大，普及社會每一個層面。

怎樣發展佛光會？我希望大家做一個好會員，人人發光發熱；做一個好義工，開發內心的能源；做一個好記者，發現、記錄佛光會及社會上的善人美事；做一個好幹部，推動佛光會的成長。讓我們一起各展所長，將自己化為人間的一股暖流，為人們帶來溫馨和樂，為國家帶來富強安樂。

佛光
BLIA

二〇〇四年十二月南亞海嘯，國際佛光會馬德拉斯協會、安特拉協會，在印度馬德拉斯、安特拉省等地賑濟救災。

佛光會員需要做什麼

(一)佛光會員需要團結
(二)佛光會員需要統一
(三)佛光會員需要動員
(四)佛光會員需要融和

佛光會員需要做到什麼

記得一九九二年十二月，我在香港紅磡體育館主持了三天的佛學講座，從無數觀眾的眼睛裡，我看到了大家對佛法的熱烈渴求，不禁讓我想到，佛教究竟需要些什麼？當然，這也是佛光會員都需要做到的：

1. 佛光會員需要團結：記得幼年時，我曾聽大醒法師說過這麼一句話：「佛教只要有十個出家人團結起來，就會有辦法了！」現在，佛教的興隆不但寄望十個出家人團結，更需要全球佛光人團結在一起。我們的佛光會員不但要和個別的出家眾團結，也要和出家眾的各宗各派團結；不但要促進顯密佛教間的團結，也要促進南北傳佛教間的團結，佛光會員要和所有的佛教僧眾團結在一起。

從前，佛教太分散了，因此無法將力量凝聚起來，現在我們要在一個佛陀的信仰之下，在一個佛光的照耀之下，統一步伐、集中力量。佛光會員應該團結起來護持三寶，團結起來興隆佛教，團結起來創辦佛教事業，團結起來宣揚佛法妙諦。

我們不但要自我健全，更要讓佛教團結起來，靠團結來奮鬥，靠團結來展現力量，靠團結來建設淨土。唯有團結，佛教才有璀燦的前途！

2.佛光會員需要統一：目前，佛教沒有比「統一」更重要的事了。佛教的僧裝五顏六色，佛教的稱呼各種不一，佛教的禮儀任意編造。過去中國禪宗儘管有五家七宗，但是鐘板號令都有統一的制度；儘管各有清規戒律，但是各宗各派都有統一的宗風。由於統一，禪宗在隋唐時代得以大放異彩！所以我們今後佛教印刷發行的經書應該統一，早晚課誦的內容應該統一，喜喪婚慶的儀式應該統一，寺院建築的式樣應該統一，禪淨懺儀的軌則應該統一，殿堂供奉的本尊應該統一，稱謂頭銜的禮貌應該統一，僧侶層次的資格應該統一，甚至信徒家庭佛堂的布置應該統一，在家信徒修持的章則也應該統一。

我們佛光會員要在一個教主佛陀的感召之下統一、在一個人間佛教的信仰之下統一、在一個佛光會的理念之下統一、在一個慈悲喜捨的原則之下統一。佛教能夠統一，就有辦法。

3.佛光會員需要動員：在一九九二年十月份的《佛光世紀》中，我曾說過：「佛光會的發展要靠活動的加強，因為有活動才有生氣，有活動才有力量。」雖然全球的佛光會成立至今未及三年，但是由於大家能通力合作，動員自己的發心、動員家庭的力量、動員社會的資源、動員十方的因緣，舉辦了捐血救人、親子教育、環保掃街、朝山參學等等活動，不但贏得社會大眾的認同，也贏得各國政府的肯定。

今後我們佛光會員應該更進一步，動員起來研究佛法，考取檀講師、檀教師和檀導師；動員起來加強修持；動員起來參與公益活動；動員起來護持三寶；動員起來參訪聯誼。我們要動員佛化家庭，動員佛化社會，動員發展佛光會務，乃至動員共創佛光淨土。

4.佛光會員需要融和：在一九九二年五月國際佛光會世界總會成立大會暨第一屆會員代表大會中，我們揭櫫「歡喜與融和」為大會主題，目的在藉此呼籲所有會員以歡喜來自利利他、共存共榮，尤其還要注重融和，我們要用融和團結佛教的力量，用融和統一佛教的儀制，用融和動員佛教的僧俗，用融和將歡喜遍滿人間。

融和，實在是太重要了。我們的家庭成員需要融和、社會羣我需要融和、士農工商需要融和、黃紅黑白民族需要融和，儘管我們的性情、習俗、職業、人種、膚色都有所不同，但是我們的信仰、目標都是融和一致的，我們應該不分種族、國家，彼此尊重融和。

所以，我希望大家今後要以融和的雅量，尊重教界長老；以融和的雅量，尊重佛門各派；以融和的雅量，尊重異己他人；以融和的雅量，尊重全球人類。唯其如此，佛教才有希望，世界才能有美好的未來！

我們要時時以團結、統一、動員、融和互相勉勵，讓我們共同攜手努力，邁步向前，將佛法的種子遍灑世間，以期不久的將來，全球五大洲到處都能盛開美麗芬芳的花朵，結出豐碩纍纍的果實。

二○○五年五月於佛光山舉行「慶祝佛誕節音樂會」

如何增加會員

(一)廣作文宣，讓人了解。
(二)舉辦座談，增加溝通。
(三)主動爭取，家庭普照。
(四)擴大服務，利樂領導。

如何增加會員

會員是佛光會的資源，會員是佛光會的種子，有會員才有活動，有會員才能將佛法傳播的更廣。會員既是如此重要，應如何增加會員呢？這裡我謹提供幾點意見供各位參考：

1.廣做文宣，讓人了解：佛法流傳於世已達兩千六百年，然而還有許多人對佛教並不了解，這固然是因為身負弘法重任的佛子沒有善巧方便，令其知之，「為善不欲人知」的觀念深入人心，也是重要的因素之一。

其實，只要心中無名，實至名歸，外在的盛名只是作為弘法利生之用，也沒有什麼不好。兩千六百年前，佛陀就非常重視文宣的功能，不但強調四句偈的功德無量無邊，而且「經常出廣長舌相，遍覆三千大千世界」，期使四生九有都能了解真理，同霑法益。每部經文的「流通分」中，佛陀也殷殷囑咐諸大菩薩「廣宣是經，依願流布」。由於諸佛菩薩的耐心宣導，所以百千劫中，接引無數眾生趣入正法。

佛光會自成立以來，所推出的各種活動都是提升心靈建設、利益社會大眾的善行，如果能廣為宣傳，讓人了解，必定可以增添許多生力軍加入我們的行列，共同為弘法利生而努力。

2.舉辦座談，增加溝通：佛陀不但懂得文宣，更了解人性，從經典中，我們可以得知許多法筵盛會都是以座談方式舉行，由諸大菩薩與佛陀互相問答的內容作為主幹，所以過程生動有趣，攝受力強。尤其身處現代開放的民主社會，儘管自己的主張正確無誤，一味要求別人聽從，不但不能引起對方的興趣，也不合乎時代的潮流。我們應當從傾聽別人的訴説裡了解對方的需要，從彼此討論中交換意見，達成共識，乃至從座談對話中破邪顯正，度化羣迷。

柏林圍牆的拆除，是東、西德互相交流的結果；以、阿之間和談成功，也必須經過雙方多少次的會面協商。一國政令的頒布、公司行號的策略制定，須要經過開會決議，親眷、朋友之間的意見相左，也必須透過溝通才能解決。

佛光會是一個講求效率的現代化佛教組織，若能經常舉行座談會，與社會各界聯絡情誼，並且藉著討論，讓大家具體了解佛光會的宗旨、目標、制度、會務，相信對於鞏固舊會員，增添新血輪都能有實質的助益。

3.主動爭取，家庭普照：以往想要聽經聞法，都要跋山涉水，千里迢迢到深山古剎裡專程請益。如今遍布全球各地的佛光會設有「家庭普照」項目，會員們應該多多利用，邀請理監事、督導長、督導、會長、檀講師、檀教師、檀導師等前往主持，並且集合其他會員及親朋好友們同來聚會，大家在「家庭普照」的時候，不但可以談論佛理、請益法要，而且可以誦經祈福、聯絡友誼、交換資訊、講解佛光會的內容。這樣一來，不但增進會友們的信心道念，也能使在場的親友們認識佛法的妙用，了解佛光會的好處，吸收潛在的會員入會，可謂一舉兩得。

藉著家庭普照，佛光會一定能贏得更多的支持，希望大家主動爭取。

4.擴大服務，利樂領導：兩千六百年前，佛陀與弟子們藉著托鉢行腳，深入社會，了解民瘼，說法利眾，造成佛法在五印度風行一時。數百年後，佛教又在中國的盛唐時期綻開奇葩，究其緣由，除了譯經事業發達、法師四處講學之外，教界重視社會福利事業更是佛教受到歡迎的主要原因，當時的寺院或架橋鋪路，或濟貧施食，或開鑿水運，或植樹環保，或給助舟車，或融通錢財，或營建倉庫，或興辦義學，這些對紓解民困、安定社會均有莫大的助益，自然贏得朝野一致的讚揚。經云：「欲做佛門龍象，先做眾生馬牛。」實是不虛之言！

佛光會想要興隆聖教，普濟社會，必須遠紹教主佛陀示教利喜的悲心，上承高僧大德喜捨奉獻的精神，先具備服務大眾的發心與領導羣倫的願行。因此，對於有益社會福祉的事業，我們一向樂於參與，甚至主動發起。歷年來的愛心媽媽服務、急難救助服務、友愛服務、環保服務、醫院服務、義診服務、賑災服務、移民服務、考生服務、交通服務、職業服務等等，已使佛光會在短期間內獲得社會大眾的肯定。但我們不能因此而自滿，為利樂更多的眾生，各位會員們應該擴大服務範圍，舉凡社區、家庭、學校、團體的公益活動、旅行參學、婚喪喜慶，乃至心理諮詢等，都應該熱心支援，善巧引導。我們以身體力行來實踐佛光會的信條，就是號召新會員的最佳方式。

增加會員的方法有四種：

1.廣做文宣，讓人了解。

2.舉辦座談，增加溝通。

3.主動爭取，家庭普照。

4.擴大服務，利樂領導。

希望大家敞開胸懷，張開雙臂，迎接更多新會員的加入，讓佛光會淨化社會的力量更加茁壯，讓佛光會建設人間淨土的目標早日達成。

身為佛光人，具備喜捨的性格，不但表示自己富有，也是廣度眾生的良方。

接引會員參加的辦法

(一)以愛語慰勉對方

(二)以喜捨樂助他人

(三)以利行服務大眾

(四)以同事結交朋友

接引會員參加的辦法

佛光會的基本力量來自會員，所謂「積土成山，滴水成河」，增加會員才能使佛光會的力量更茁壯，陣容更龐大。我們在各地成立協會，應該如何吸收更多的會員？在此我建議各位奉行佛教的「四攝法」：

1.以愛語慰勉對方：語言是傳達意見的工具，使用得宜，能潤滑情誼，締結善緣，而一旦使用不當，就會變成傷人的利器，甚至造成是非紛爭，禍患無窮。

經云：「遠離麤言，自害害彼，彼此俱害。修習善語，自利利人，彼我兼利。」如果我們出言吐語處處都以愛護對方為出發點，自然就能攝受別人。像歸宗禪師的一句「善自珍重」，讓苦不開悟的弟子認識自我；良寬禪師的軟語慰勉，讓不務正業的外甥奮發向上；仙崖禪師的幽默譬喻，讓互相指責的夫婦和好如初；空也禪師的慈悲說法，讓凶神惡煞的盜匪洗心革面。所以，我們要學習說讚美性的言語，使人歡喜；說建設性的言語，使人成長；說鼓勵性的言語，給人信心；說關懷性的言語，給人希望。總之，我們想要吸收有志一同的人士共同參與佛光會的弘法行列，首先要以身作則，用愛語來溫暖人間。

2.以喜捨樂助他人：所謂「捨得」，有捨，才會有得。沒有播種、耕耘，怎麼會有豐碩的收成呢？因此我們想要廣增會員，必須先實踐歡喜的布施。上古時代的神農、伏羲耐煩教人種植、取火，所以相繼被九州黎民尊之為共主；戰國時代的孟嘗君以慈心濟助窮者，所以三千食客投入門下，甘心為他效命；春秋時代的管仲因為鮑叔牙的大力薦舉，倖免一死，不動干戈，而能九合諸侯，一匡天下，使布衣百姓得以休養生息；盛唐時代的惠能大師由於安道誠的慷慨捐資，遠至弘忍大師座下求道，終於開悟見性，佛門也喜添一位龍象大德。可見喜捨不但能廣結善緣，有時候一個小小的布施，造就一個偉大的人才，對於社會人羣的卓著貢獻，實不能等閒視之。

除了給人錢財物質上的贊助，給人心靈精神上的慰藉，給人知識技術上的傳授，給人事業工作上的助緣以外，像一個點頭、一絲微笑、一聲問好、一句關懷，都是喜捨的行為。

此外，喜捨也不必刻意尋求對象，隨口的布施、隨手的布施、隨意的布施，都是我們隨時隨處在日常生活中很容易成就的功德。

身為佛光人，不要只想接受，具備喜捨的性格，不但表示自己富有，也是廣度眾生的良方。

3.以利行服務大眾：大乘菩薩道，一言以蔽之，就是以利行服務大眾。像阿彌陀佛的三根普被、釋迦文佛的示教利喜、觀音菩薩的慈悲普度、勢至菩薩的大喜大捨、地藏菩薩的地獄救苦、普賢菩薩的恆順眾生，都是利行的最佳典範。正因為諸佛菩薩不辭辛勞，不望回報，接引各種眾生進入佛道，所以也贏得了世人的普遍尊敬。

在我們的周遭，有些人在家庭裡，希望有厚道的鄰居；有些人在生活上，希望多一點助緣；有些人在事業上，希望別人的指導；有些人在心理上，希望有人給他鼓舞……，我們能以服務大眾的精神，盡己所能，滿人所願，利濟有情，自然就能攝受社會上各階層的菁英，讓他們認同佛光會的理想，進而加入我們的隊伍，共同為造福世界而努力奮鬥。

4.以同事結交朋友：母親為引導幼兒吃飯，當湯匙伸出去的時候，自己也張開口；父親為與子女打成一片，不惜趴在地上，以身當馬，一起玩耍，這些都是「同事」的原理。所以，「同事」就是能夠設身處地，為對方著想。

既盲又聾的海倫凱勒原本性情乖戾，在老師的同事攝受下，成為偉大的教育家及演說家；窺基大師原本性好酒色，在玄奘大師的同事攝受下，懺悔前愆，後來成為三藏大師。此外，挑水禪師在乞丐堆裡參禪行道，悅西禪師在青樓妓院領眾薰修……，乃至佛陀的十二分教、八萬四千法門，全都是為了要同事攝受眾生，以期共登法界，證悟菩提。

我們追隨古聖先賢的腳步，除了遍學法門之外，更要觀機逗教，將所有的眾生都視為我們的菩提道友，見到軍人時，講軍人的法；見到老師時，講老師的法；見到婦女時，講婦女的法；見到兒童時，講兒童的法……。尤其身處在多元化的社會中，我們要多為他人著想，多遷就別人、體諒別人、維護別人，這樣才能結交各階層、各行業的朋友，攝受他們同來學佛。

所謂：「一木難支，眾擎易舉。」「孤軍必敗，眾志成城。」佛光會雖然有遠大的目標，但需要眾多會員共襄盛舉，需要各種人才擘劃實行，才足以達成崇高的理想，所以我今天在這裡提出「四攝法門」——以愛語慰勉對方、以喜捨樂助他人、以利行服務大眾、以同事結交朋友，希望大家以此來吸收更多的會員，增加佛光會的力量，促進佛光會的進步。

會員積極進取，能為組織帶來蓬勃朝氣。

佛光會員的四好

(一)佛光會員要存心好
(二)佛光會員要說話好
(三)佛光會員要行事好
(四)佛光會員要做人好

佛光會員的四好

每一個組織團體對於會員有不同的要求，有的希望會員為人練達，能為組織募集更多的資源；有的希望會員做事能幹，能促進組織的發展擴充；有的希望會員積極進取，能為組織帶來蓬勃朝氣；有的希望會員善於籌劃，能使組織日益壯大。國際佛光會對於所有會員有什麼樣的期許呢？「七佛通戒偈」云：「諸惡莫作，眾善奉行，自淨其意，是諸佛教。」佛光會秉持佛教理念服務大眾，我們認為一個優秀的佛光會員應該具備下列條件：

1.佛光會員要存心好：佛陀曾說：「一切壯無過於心，心是怨家，常欺誤人。心取地獄，心取餓鬼，心取畜生，心取天人。作形貌者，皆心所為。能伏心為道者，其力最多。吾與心鬥，其劫無數，今乃得佛，獨步三界，皆心所為。」我們的心如同國王，具有無上的權力，能統帥行權，然而一旦被客塵所惑，任憑煩惱魔軍指使六根造作諸業，則念念之間，六趣輪迴，甚至倒行逆施，導致社會不安。我們學佛修行，應該立志做一個能征服魔軍的統領，以信仰、道德、慈悲、戒律、忍耐、禪定作為護身盔甲，戰勝貪瞋愚痴，長養善法功德，建設人間淨土。

2.佛光會員要說話好：佛教裡要人戒除的十惡當中，身犯的惡行有殺、盜、淫三事，心犯的惡事有貪、瞋、癡三念，而口犯的兩舌、惡口、妄言、綺語卻占了四項，可見口業的過失比身心造業還要來得快、來得多。經云：「人心是毒根，口為禍之門，心念而口言，身受其罪殃。」「諦觀一切擾擾紜紜，但諍咽喉不急之事，禍從口出，千殃萬罪，還自纏繞。」心念固然變化迅速，但嘴巴最容易造罪惹禍。翻開歷史，世間上多少善緣美事因為一句話而破壞殆盡，多少忠臣良將因為一句話而慘遭陷害，再看看當今社會，多少鬥亂紛爭也往往是由於人們逞一時口舌之快所造成。佛陀曾說：「口誦佛名如吐珠玉，口宣教化如放光明，口談無信如嚼木屑，口好戲謔如掉刀劍，口道穢語如流蛆蟲，口說善事如噴清香，口語誠實如舒布帛，口言欺詐如蒙陷井，口出惡氣如聞臭味。」這九種譬喻貼切地描繪出口業的得失，值得我們引以為戒。

在日常生活中，言語是我們人際和諧、事業成敗的關鍵，在傳教使命上，言語是我們弘揚佛法、廣度眾生的利器，所以佛光會員們尤應養成說好話的習慣，常常讚美三寶，稱揚善事，解憂慰苦，勸勉向上，並且隨時記住：口邊就是功德，口邊就是道路，口邊就是方便，口邊就是結緣。

3.佛光會員要行事好：自古以來，佛教各種法門、各個宗派均注重實踐，不尚空言。《六度集經》云：「夫有言無行，猶膏以明自賊，斯小人之智也。言行相扶，明猶日月，含懷眾生，成濟萬物，斯大人之明也。行者是地，萬物所由生矣。」一個真正的佛子不但要說話好，也要行事好。好事的種類很多，如出錢布施、排難解紛、濟貧救苦、修橋鋪路、施燈施茶、捐贈器官……都是好事，但我覺得最好的事莫過於來做佛光會的義工，因為佛光會不但善加統籌佛教各項資源，有計畫地以文教、慈善各種方式弘法利生，而且也是大乘菩薩的修行學處。佛光會員抱持服務奉獻的精神，跟隨佛光會的腳步，或愛護環保，或領養公園，或義診施藥，或倡導反毒，或撿收廢紙，或關懷殘障，或宣揚法義，或展覽文藝……，這些好事不但能夠淨化自己的煩惱，擴大自己的胸懷，長養自己的福慧，莊嚴自己的世界，而且可以美化社會，報效國家，裨益人羣，造福世界。

所謂「好事不怕多」，希望各位會員們能為自己規劃有意義的生活方式，每週至少抽出半天時間，參與佛光會的活動，為道場、為佛教、為社會，為人羣獻身服務！

4.佛光會員要做人好：學佛修行，首先須學做人，否則人道有虧，如何奢言佛道？所以身為佛光會員最重要的就是要將人做好。

如何才能將人做好呢？佛陀說：「世上有五種非人，即應笑而不笑，應喜而不喜，應慈而不慈，聞惡而不改，聞善而不樂。」孟子也說：「無惻隱之心，無羞惡之心，無辭讓之心，無是非之心者，都是非人。」比照之下，聖賢所見，並無二致，可見隨喜結緣，慈悲應世，改過向上，與人為善，見義勇為，謙下忍讓，……都是做人應有的修行。

十方諸佛都是從人道證悟佛果，因為十法界中，唯有人道才可以「整心慮，趣菩提」。將人做好，成佛也就不遠了。憨山大師說：「佛法以人道為磁基，人道以佛法為究竟。」希望佛光會員都能秉持佛陀的本懷，在生活落實佛法，從人間趣入菩提。

各位會員如果都能時時存心好，常常說話好，處處行事好，個個做人好，必定能為自己留下光輝的歷史，為本會留下不朽的事業。

二〇〇三年十二月國際佛光會中華總會
優秀分會暨優秀會員表揚典禮

參加佛光會的利益

(一)聯絡感情，結交朋友。
(二)廣學多聞，增加見識。
(三)拓展事業，廣結善緣。
(四)喜慶祝福，喪葬助緣。
(五)佛化傳承，全家受益。
(六)子女教育，多有幫助。
(七)旅遊世界，到處善緣。
(八)參加活動，淨化身心。
(九)發心行善，必得好果。
(十)佛法共修，寧靜致遠。
(土)聽經聞法，福慧雙增。
(土)今日一會，無限時空。

參加佛光會的利益

當我們發展會務，吸收新會員時，經常聽到這樣的問話：「我參加佛光會有什麼利益呢？」不知道佛光會的幹部能否向新會員作一番具體的說明？

其實，參加佛光會就是利益！因為佛光會是一個國際性的宗教組織，不同於一般社會團體，佛光會的功能是文化的、教育的、慈善的、修持的，它的性質是人間的、救世的、服務的、結緣的……，只要加入我們的行列，就能和全世界的佛光人連線交流，獲得寶貴的資訊及嶄新的知識。現在我來告訴大家，參加佛光會至少有下列十二點利益：

1.聯絡感情，結交朋友：俗謂：「在家靠父母，出外靠朋友。」廣交善友能使我們增品進德，事業有成。佛光會經常舉行各項會議、活動，會員們可以藉此認識不同類型的朋友，結交各個階層的人士，挖掘有才有德的菁英，並且與世界各地的佛光人聯絡情誼，交換心得。

2.廣學多聞，增加見識：佛光會經常在各地舉辦讀書會、禪坐會、念佛會、青年會、座談會、佛學研討會、檀講師講習會、幹部講習會、財務講習會、文宣講習會、活動策劃講習會……等等，會員們可視自己的職務、興趣，自由報名參加，藉此增進自己的知識，提升自己的能力。

3.拓展事業，廣結善緣：人，結的善緣越多，在人生道路上的助力也就越大，尤其隨著科技的進步、交通的發達，單打獨鬥的時代已經過去，現在社會上的各行各業都必須靠「集體創作」才能成功。參加佛光會，我們可以和世界各地的會友同道互通訊息，彼此合作，開拓事業。

4.喜慶祝福，喪葬助緣：以佛法來協助人的一生，是佛光會創設的宗旨，因此像佛化婚禮、壽誕喜宴、吉宅落成、佛像安座等喜慶祝福，或臥病住院、緊急災難、臨終助念、往生超薦等慰苦事宜，佛光會員們都有義務彼此關懷，互相幫助。

5.佛化傳承，全家受益：所謂「積善之家必有餘慶」，在人間建設佛化家庭，向來是佛光會努力的方向，所以成立多年來，我們不但針對各個年齡層，舉辦各種活動，更積極地實施「家庭普照」，讓闔家大小都能得到法雨的滋潤。我們相信如果每一個家庭都能奉行佛法，將真理的明燈分盞繁衍，代代相傳，世界和平將是指日可待之事。

6.子女教育，多有幫助：俗謂：「傳子萬貫家財，不如一技在身。」這句話說明子女教育的重要性。子女們唯有從小領受正當的教育，將來才能立足社會，奉獻人群。有鑑於此，佛光會在各地成立技藝班、語言中心，舉辦青、少年夏令營，優秀青、少年選拔，讓會員的子女可以學習技能知識，培養正確觀念，拓展人際關係，學習社交禮儀，乃至留學在外，都能得到會友的關懷、幫助。

7.旅遊世界，到處善緣：「來時歡迎，去時相送」是佛光會員的基本信條，因此散居各地的佛光會員如同我們的芳鄰，無論我們旅行至全球哪一個角落，只要一通電話，就能享受各地會友的殷勤接待，使我們處處都能感受到天涯若比鄰的溫馨。

8.參加活動，淨化身心：身心是我們一生當中最親近相知的朋友，但人們往往不知愛惜，以致身心成為藏污納垢的根源，產生種種煩惱，造下種種惡業。佛光會各協分會經常舉辦讀書會、寺院參訪、素食品嚐、親子聯誼等活動，會員們可以藉此淨化身心，盪滌塵勞。

9.發心行善，必得好果：經云：「眾善應可愛，如父復如母；美體善安然，能離於喧諍。美善人天喜，美善增勤勇，美善眷屬多，美善三塗離。美善息諸惡，美善離煩惱，能棄語過非，應修諸眾善。」行善得善是宇宙人生的真理法則。佛光會秉持覺世牖民、慈悲濟世的宗旨發展會務，參加佛光會的會員有更多的機會服務大眾、奉獻社會，必定會得到許多助緣、善報。

10.佛法共修，寧靜致遠：生活在忙碌、緊張、動盪、紛亂的今日社會裡，焦慮、浮躁成為現代人的通病。佛光會員可以成群組隊到隸屬佛光會的寺院道場，參加朝山、拜懺、念佛會、禪坐會……等法會活動，不但能受到親切的招待，更得以藉著大眾修持的力量，鍛鍊意志，澄清思慮。

11.聽經聞法，福慧雙增：經云：受持佛法四句偈的功德，勝過三千大千世界七寶布施。又說：「以聞、思、修，入三摩地。」參加佛光會能讓我們經常有機會聽經聞法、身體力行，增長我們的般若智慧，培植我們的福德因緣。

12.今日一會，無限時空：參加佛光會不但拓展我們的學習空間，擴大我們的無邊眼界，而且能讓我們發掘心中永恆的寶藏，體證生命無限的時空。

只要您來參加佛光會，就能享有聯絡感情，結交朋友；廣學多聞，增加見識；拓展事業，廣結善緣；喜慶祝福，喪葬助緣；佛化傳承，全家受益；子女教育，多有幫助；旅遊世界，到處善緣；參加活動，淨化身心；發心行善，必得好果；佛法共修，寧靜致遠；聽經聞法，福慧雙增；今日一會，無限時空……等，無窮無盡的利益。祝福大家在佛光的普照下，擁有幸福美滿的人生。

有活動才有生命，有活動才有力量

舉辦活動的意義

(一)舉辦活動有學習的功能
(二)舉辦活動有擴大的功能
(三)舉辦活動有聯誼的功能
(四)舉辦活動有成就的功能

舉辦活動的意義

人，經常運動，能增強體魄；水，經常流動，能常保潔淨。同樣地，一個團體如果能經常舉辦活動，必定能充滿服務的幹勁。

目睹國際佛光會在會員大眾的努力下，各地協分會紛紛成立，我心中的歡喜真非筆墨能夠形容，但不知道大家是否經常舉辦一些有益身心、服務社會的活動？本會的發展固然要靠信仰的凝聚，更須要靠各種活動來充實內涵，因為有活動才有生命，有活動才有力量。

從加拿大多倫多協會舉辦的書法、國畫、插花、素食、烹飪等技藝訓練，可以讓人感受到全會充滿了蓬勃朝氣；巴西協會舉辦的南美洲弘法團不但把佛法弘揚到阿根廷、巴拉圭等地，更在各個大學舉辦佛學講座，甚至與天主教聯合舉辦祈福法會，帶動當地人士對佛教嚮往的熱潮；香港協會舉辦的家庭運動會內容多采多姿，受到廣大羣眾的歡迎；中華總會自成立以來，更是舉辦了一系列轟轟烈烈的活動，像「淨化人心運動」在全省蔚為風氣，為建設佛光大學所舉辦的各種籌募活動也引起佛教徒對文教事業的重視，其他如施診捐血、環保掃街、朝山參學、貧苦慰問等，每一項活動都充滿了愛心、熱心，讓受益者倍覺溫馨、感動。所以，在此我要告訴各位，辦活動具有什麼意義？

1.舉辦活動有學習的功能：隨著科技文明的日新月異及交通工具的日益發達，現在已非過去「秀才不出門，能知天下事」的時代，我們必須從群我和諧中，加快學習的腳步。其中舉辦活動可說是最佳的學習方式之一。因為辦活動必須策劃周詳、溝通協商，所以從中可以訓練我們的思考組織能力，培養我們尊重包容的美德，提高我們對周遭事物的敏銳度，促使我們廣泛地接受新的資訊。以獅子會、青商會、扶輪社而言，會員們不惜繳納高達數萬元的年費，為的就是能夠彼此觀摩學習，增加辦事能力。佛光會不但涵蓋一般社會團體的優點，更超乎其上的是，能讓我們從各種活動中實踐佛法，領略真理。所以，身為佛光會的會員們更應該積極參與各種活動，藉以充實自我，奉獻社會。

2.舉辦活動有擴大的功能：當我們辦一項活動時，要有行政策劃籌備，要有財務評估預算，要有總務負責採購，要有公關對外聯絡；當人力和經費短絀時，要拜託大家支援贊助；當場所和物品不全時，要請求他人協助幫忙；當彼此意見不一時，要互相溝通包容；當遇到困難阻礙時，要同心協力尋求解決辦法。從辦活動中，我們能結交許多新的朋友，認識許多新的事物，為自己增加很多新的助緣，為佛教添進很多新的力量。總之，藉著活動，我們從個人立足的點，擴大到工作範圍的面，如此一來，不但擴大了新人新事，也擴大了社會關係。

3.舉辦活動有聯誼的功能：佛教裡，有一句大家耳熟能詳的話：「未成佛道，先結人緣。」在世間上要成就任何事業，「結緣」當列為首要條件。辦活動就是結緣的最好方法，因為任何一種活動，都不是只靠主辦者一個人的力量就能成功，必須要參與者互相幫助，互相成就，有時還得和其他的機關團體聯繫交流，溝通協調，有時在辦事的過程當中，又難免有錯誤、失敗的時候，只要我們肯併肩努力，一心一德，這所有的一切都能在共同參與之後，發展為共同的認知，進而完成共同的目標。所以舉辦活動不但給大家一個參與合作的機會，更能增進彼此的情誼，讓大家的心凝聚在一起。

4.舉辦活動有成就的功能：辦活動能成就友誼，成就智慧，成就擔當，成就能力，最重要的是，成就佛光淨土的大目標、大願心。

辦一場活動，從起意策劃到聯絡交流，從開會協調到籌措經費，從場地布置到發動參加，從周知大眾到圓滿結束，每一個參與者都必須全心投入，互相支持，其中不知淌下多少血汗，如果活動辦得成功，得到眾人的讚美、社會的認同，就算歷經再多的辛苦，再多的委屈，都能成為甜美的回憶，因為自己已經得到成長的快樂，擁有成就的喜悅。

辦活動有學習、擴大、聯誼、成就等四種功能，希望只要有佛光人的地方，都能舉辦有意義的活動，讓大家一起在活動中成長，在活動中進步！

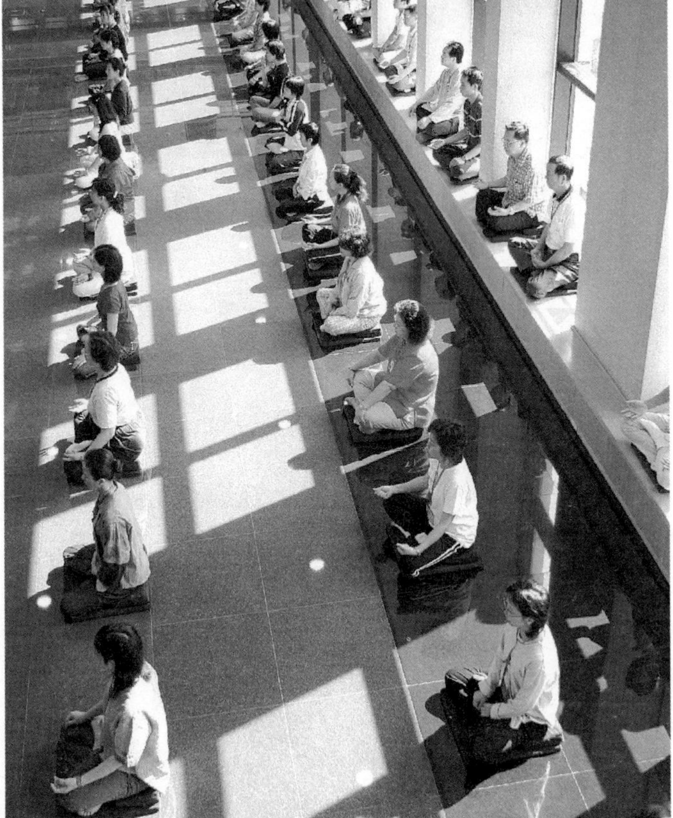

二〇〇二年十月國際婦女會議於日本本栖寺舉行

佛光會員的進展

(一)希望大家做好「佛光會員」
(二)希望大家建設「佛光人家」
(三)希望大家發展「佛光社區」
(四)希望大家創造「佛光淨土」

佛光會員的進展

我經常走訪世界各國，巡察各地佛光會的會務，目睹會員們盡心盡力，任勞任怨地付出心血，心中實感敬佩，但也深深的覺得：大家分布在全球各地，不但對於佛光會的宗旨目標必須要有深刻的了解，對於自己如何發展佛光會務也應該要有具體的認識，才能充分落實人間佛教的理念。所以，我今天要以下列四點來說明佛光會員的進展：

1.希望大家做好「佛光會員」：就長遠的目標而言，理想的佛光會員就是圓滿人格的人間菩薩。凡是可以增加我們般若智慧，開發我們內心能源，堅定我們信心道念，培養我們福德因緣的一切事物，我們都應該努力學習，要求自己成為優秀的佛光會員，尤其在見和同解上，更要加強認識。

一個優秀的佛光會員應該熟悉本會的章程、宗旨、目標、信條，以利於會務的推動；必須勤讀本會指定的經典書刊，以增進對佛法的體悟；能夠主動介紹本會給大家認識，以吸收更多的生力軍；並且盡力維護《佛光世紀》，為這一份屬於會員大眾的刊物提供佛教訊息、會務動態、修持心得，閱讀感想，以使大家共霑法益。

為使佛光會在瞬息萬變的社會中能日日茁壯，我建議每個協會每個月要有一次幹部聯誼，藉此互相砥礪切磋；每半年要有一次全體會員的聚會，報告半年以來的工作情況，檢討平日會務的利弊得失，表揚熱心會員的善行義舉，策劃下半年度的組織活動。我希望大家都能熱心參與各項會議，擁護支持各種活動，時時自我觀照反省，經常提供創見美意。這些都是優秀的佛光會員應該具備的條件。

2.希望大家建設「佛光人家」：我們一生當中，與家人相處的時間最長，所以家庭對於人格成長有密切的關係。「佛光人家」是基於共同信仰，秉持佛教理念，彼此成就，憂戚與共的理想家庭。所以，「佛光人家」不但是現代的佛化家庭，也是佛光淨土的雛形。

我希望有志一同的夫婦都能連袂參加佛光會的活動，研習佛光會的課程，並且在家中設立佛堂，研覽經書聖典，閱讀《佛教叢書》、《佛光世紀》、《普門雜誌》、《覺世月刊》，共同分享心得。

身為父母的會員們應該將佛光會的精神理念運用在言行舉止上，為子女們樹立學習的榜樣，讓孩子們從小在佛光的薰陶下成長。最好全家大小都能定期前往隸屬佛光會團體會員的寺院道場禮佛共修，積極參加佛光會的活動，一起學習。此外，每年應要求一次「家庭普照」，務求佛光家庭的每一成員都能在生活中奉行佛法，共同攜手邁向幸福光明的人生大道。

3.希望大家發展「佛光社區」：「佛光社區」就是佛光家庭的擴大。身為佛光會員，對於人間的關懷不應止於一人一家而已，我們要把法喜禪悅分享給左鄰右舍，所以，各位會員可以發動街坊鄰里成立插花布置、素食烹飪、書法美術、舞蹈歌詠等才藝班，共同美化生活；可以引領社區成員至道場寺院參加法會活動，共同淨化心靈；可以組織各種義工，共同發揮服務熱忱；可以設置兒童班、親子會，共同關心子女教育。

藉著大家在生活上守望相助，在修行上交換心得，將佛法的溫馨和樂充滿社區每一戶人家，讓我們的巷道街衢成為佛光巷、佛光街，讓我們生活的社區成為佛光社區。

4.希望大家創造「佛光淨土」：佛光會的終極目標，就是在人間創造

「佛光淨土」。

「佛光淨土」是什麼樣的世界呢？「佛光淨土」是一個佛化的世界，在「佛光淨土」中，每一個人都皈依三寶，受持五戒，明因識果，廣結善緣。「佛光淨土」是一個善美的世界，在「佛光淨土」裡，大家所看到的都是美麗的事物，所聽到的都是悅耳的聲音，口中所說的都是良言美語，手中所做的事情都是善行義舉。「佛光淨土」是一個安樂的世界，人與人之間沒有嫉妒，只有尊重；沒有憎恨，只有祥和；沒有貪欲，只有喜捨；沒有傷害，只有成就。「佛光淨土」是一個喜悅的世界，人人都翱遊在和煦的春風中，家家都共沐在佛法的慈光裡，時時都是良辰美日，處處都是般若天地。

從做好「佛光會員」到建設「佛光人家」，從建設「佛光人家」到發展「佛光社區」，從發展「佛光社區」到創造「佛光淨土」，雖有大小層次之別，但彼此之間都有相輔相成的密切關係，有時可以同時進行，有時必須次第實踐，希望大家能夠靈活運用在日常生活上。

二〇〇三年星雲大師禪淨密唱頌講座

佛光會員應該注意什麼

(一)要慶祝「佛光日」的殊勝
(二)要普及「蓮花掌」的手印
(三)要奉行「四句偈」的稱念
(四)要參加「檀講師」的進修
(五)要有穿「佛光會服」的習慣
(六)要遵守「佛光信條」的精神

(七)要唱出「佛光會歌」的含意
(八)要實踐「佛光三昧」的修持
(九)要閱讀「會員手冊」的內容
(十)要認識「佛光會徽」的標誌
(十一)要明瞭「組織章程」的條文
(十二)要發揚「佛光宗旨」的理念

佛光會員應該注意什麼

佛經裡有一則「擎鉢大臣」的故事，敘述一名死囚因為一心專注頂上的油穿越大街小巷，無視途中輕歌曼舞的美女、圍觀喧囂的人聲，穿越大街小巷，終於到達皇宮，免於死罪。這個故事說明了「注意」的重要性。經云：「制心一處，無事不辦。」佛光會員應該注意哪些事情才能達成遠大的目標呢？我謹提出下列十二點貢獻給大家：

1. 要慶祝「佛光日」的殊勝：一九九二年五月十六日，國際佛光會世界總會在美國洛杉磯舉行成立大會，佛教以制度化、國際性的組織型態登上世界舞臺，為歷史寫下新頁。承蒙當地政府美意，訂定該日為「佛光日」，不但全體佛光會員咸感榮耀，全球的佛教徒也為之歡欣鼓舞。

為紀念這殊勝的一刻，我們應該在每年的這一天舉辦各種慶祝活動，例如：成人禮、園遊會、佛學講座、徵文選拔、義診捐血、梵唄比賽、聖歌表演、佛教藝術展覽、佛光人家表揚大會、信仰傳燈典禮儀式……等等，並且邀請所有會員一起參與，讓大家藉此緬懷前人辛苦的佳績，感念佛光普照的恩澤，從而激發無上道意，繼續向前邁進。

2.要普及「蓮花掌」的手印：社會上，軍人有屬於軍人的行禮方法，學生也有屬於學生的行禮方法，各種行禮方法顯示不同的意義。同樣的，佛光會員以「蓮花掌」手印為行禮方法，也具有其特殊的內涵。例如：第一個手印是先翻掌外迎，用拇指扣住中指，其他三指外翻，代表無限的歡迎、無我的接納、無上的接引、無礙的交映、無染的清淨；第二個手印是蓮花合掌，將雙手合十，中間保留些微空隙，象徵無二的圓融、無量的信心、無異的正見、無生的法性、無滅的佛道。佛光會員們應該將「蓮花掌」手印運用在相見迎接，送行道別時，表示「來時歡迎，去時相送」的情誼；運用在集會宣讀會員信條時，表示信守承諾，堅貞不二的決心；運用在答謝回禮時，表示珍惜緣分，銘感五內的誠意；運用在旅遊各地，問候招呼時，表示世界各地佛光會員通用的國際語言。

3.要奉行「四句偈」的稱念：過去的佛教徒在日課回向時，大都稱誦：「願消三障諸煩惱，願得智慧真明了，普願罪障悉消除，世世常行菩薩道。」在三餐吃飯前，總是默念：「供養佛，供養法，供養僧，供養一切眾生。」前者暗示要先自己修好，罪障消除，開啓智慧之後，再去度化他人，固然能激發向道之心，但不符現代交流頻繁的社會所需；後者雖有普同供養的含意，卻未盡具體。因此佛光會因應時代的趨勢，發揚大乘佛教普度眾生的精神，擬定「慈悲喜捨遍法界，惜福結緣利人天，禪淨戒行平等忍，慚愧感恩大願心」作為一切修持的四句偈，我們必須將其用在日課的回向，擴大自己的心量；用在飯前的稱念，提醒自己的悲願；用在會議的祈福，廣利一切的眾生；用在日常的實踐，增進自己的道業。

4.要參加「檀講師」的進修：創立佛光會的目的是要讓在家信眾能有更多的機會奉獻心力，成為三寶的護持者、文化的播種者、佛法的弘化者、大乘的修行者，所以每個會員應該參加檀講師的進修，尤其在這個苦難頻仍的時代裡，想要在世界各地弘揚佛法，拔苦與樂，光靠出家眾的力量實在有限，因此希望每個會員都能為考取檀講師而努力。

如果一個人說法，有一百個聽眾，每天有一百個檀講師布教，就有一萬個人能同時受益，我們的目標是希望佛光會將來能有十萬個檀講師在全球各地宣揚聖諦，果能如此，何患佛法不能走進家庭，帶入社會，何患人間不能佛光普照，法水長流！

5.要有穿「佛光會服」的習慣：我們看到一個人，要了解他的身分，可以從服裝來辨別。譬如：軍人有軍人的戎裝，郵差有郵差的制服，護士有護士的白衣，所以佛光會員也應該要有穿著會服的習慣。

佛光會員在舉行會議、參加活動時穿著會服，將顯出整齊劃一的團隊精神；在國際旅行、異鄉作客時穿著會服，將享有賓至如歸的親切接待；在公私接洽，處理事務時穿著會服，將獲得意想不到的良機助緣。穿著會服，利益無窮，希望大家常穿會服。

6.要遵守「佛光信條」的精神：佛光會員聚會時，一定都由會長帶領大家稱念「佛光會員信條」，這是提醒各位要時時刻刻作到下列數點：

第一、禮敬常住三寶，以三寶為中心，才能正法永存，佛光普照。
第二、信仰人間佛教，重視倫理道德，才能生活美滿，家庭幸福。
第三、實踐群我修行，經常禮讓他人，才能隨時隨地，心存恭敬。
第四、奉行慈悲喜捨，關懷社會大眾，才能日日行善，端正身心。
第五、尊重會員大眾，誠心待人處事，才能來時歡迎，去時相送。
第六、具有正知正見，不受外道誘惑，才能發掘自我，般若本性。
第七、現證法喜安樂，成就修行功德，才能永斷煩惱，遠離無明。
第八、發願普度眾生，效法菩薩精神，才能人間淨土，佛國現前。

佛光會員若能以上列八個信條實踐德目，必能淨化身心，福慧圓滿。

7.要唱出「佛光會歌」的含意：佛光會每次舉行會議，即將結束時，必定要唱「國際佛光會會歌」，因為會歌象徵本會的精神所在，因此我們要將自己的感情融入其中，以懇切的聲音唱出「從事弘法利生」的宗旨，以有力的聲音唱出「辨別是非邪正」的信念，以莊嚴的聲音唱出「效法四大菩薩」的精神，以喜悅的聲音唱出「建設佛光淨土」的希望，以嘹亮的聲音唱出「福利社會，放眼全球」的寬廣視野，以厚實的聲音唱出「同體共生，胸懷法界」的遠大抱負，以優揚的聲音唱出「佛光普照三千界，法水長流五大洲」的崇高願心。音聲佛事具有度眾良效，我們要努力唱出「佛光會歌」的含意，讓羣迷得以進入佛道，讓佛法廣為傳布世間。

8.要實踐「佛光三昧」的修持：求取功德不是學佛的最終目的，我們要外弘內修才能圓熟眾生，莊嚴淨土。「佛光三昧」是融和古今、適合時人的修持方式，共有四種：

(1)拜願法：一拜一願，每日口誦心經發十二大願，虔誠禮佛十二拜，然後按自己時間的長短，繼續禮拜自己修持的諸佛菩薩，能去縛除執，證入菩提。

(2)念誦法：以歡歡喜喜、悲悲切切、空空虛虛、實實在在等四種方式，稱念諸佛菩薩的聖號，與諸佛菩薩感應道交。

(3)禪觀法：先在佛前立願普度眾生，然後依慈心三昧次第坐禪修觀，長養慈心悲願。

(4)實踐法：在日常生活中，以發願、淨行、懺悔、回向來圓滿佛道。真修實證，弘法利生才能福慧具足，莊嚴佛國，佛光會員應日日實踐佛光三昧的修持，達到定慧等持，解行並重的目標。

9.要閱讀「會員手冊」的內容：對於每位加入佛光會的會員，總會或協會將贈送一本「會員手冊」，內容包括佛光會的創會簡史、宗旨目標、信條宣言、會徽會歌、行政組織架構、各項章程制度、各類表格式樣、年度工作計畫、成立協會或分會的方式條件、各地協會或分會的分布情況、會員的權利義務、會員的修持生活、各種疑難問答等等，舉凡佛光會的發展、建設、方向、使命，佛光會員應具備的思想、行持、威儀、性格，乃至一生的計畫，都詳細記載在「佛光手冊」上，可以說一冊在身，萬事具足。所以各位會員不但應該仔細閱讀，反覆研究，並且須傳播四方，周知大眾，期能早日實現佛光淨土的理想。

10.要認識「佛光會徽」的標誌：國有國徽、黨有黨徽、校有校徽、會有會徽，從徽章中，我們可以看出各個單位組織的精神理念。佛光會的會徽是個圓和一朵蓮花，其意義有三：

⑴圓，代表俗諦的世間（地球）；蓮花，代表真諦的出世間：兩者結

合在一起，象徵煩惱菩提不二、真諦俗諦不二、世出世間不二、清淨雜染不二，總之，心蓮清淨，一切平等，就是清淨圓滿的人間淨土。

(2)圓，代表本有的佛性：蓮花，代表證入的佛智：藉著修持的因緣，讓本自具足的佛性種子開花結果，就能圓滿人格，成就佛道。

(3)圓，代表常轉的法輪：蓮花，代表清淨的發心：以清淨的發心常轉法輪，才能普度眾生，同登法界。

我們時時將會徽別在胸襟前、領帶上、袖口邊，不但可以提醒自己的修持，也能夠增進別人對我們的認識；我們不但將會徽的意義謹記在心，同時也儘量告訴大家，讓自他都能得到受用。

11.要明瞭「組織章程」的條文：組織章程明訂本會的制度、規約，會員的權利、義務，是落實宗旨目標的具體方針，例如：國際佛光會世界總會憲章中的序文：「吾等來自全世界之佛教徒，藉此大會集聚一堂，深知文明之發展與社會之變遷，已造成全世界之動盪與不安，自覺匡世濟民拔苦與樂，正為吾輩佛教徒義不容辭的使命。為能以正信之佛教增進人類福祉與進步，矢志使世界重復光明與和樂，成為人間淨土。」這段文字不但顯示本會的國際性格、人間性質，也說明會員應達成的使命、任務。

我們應該依此類推，舉一反三，深入研究，清楚明瞭佛光會的各種組織章程，裨能如法奉行，發揮力量。

12.要發揚「佛光宗旨」的理念：佛光會員的宗旨是：

(1)稟承佛陀教法，虔誠恭敬三寶；弘法利生，覺世牖民：這表示我們應自許為正信的佛弟子，須肩負弘法的重任。

(2)倡導生活佛教，建設佛光淨土；落實人間，慈悲濟世：這表示我們應自許為踏實的佛光人，須擁有慈悲的胸懷。

(3)恪遵佛法儀制，融和五乘佛法；修持三學，圓滿人格：這表示我們應自許為佛道的修行人，須修持圓滿的三學。

(4)發揮國際性格，從事文化教育；擴大心胸，重視羣我：這表示我們應自許為世界的地球人，須具備國際的性格。

佛光會員的宗旨是本會的最高目標，猶如茫茫暗夜中的燈塔，能指引眾生到達解脫的彼岸，我們應該極力發揚積極實踐。佛光會員若能注意佛光日的慶祝、蓮花掌的普及、四句偈的奉行、檀講師的進修、佛光會服的穿著、佛光信條的遵守、佛光會歌的含意、佛光三昧的修持、會員手冊的閱讀、佛光會徽的認識、組織章程的明瞭、佛光宗旨的發揚，則無上佛道堪成，人間淨土現前，希望大家都能於此自我留心，自我研究，自我計畫，自我實現。

二〇〇四年十二月南亞海嘯，國際佛光會發起「海嘯無情、人間有愛」街頭募款賑災活動。

佛光會員應如何做功德

(一)以十供養來做功德
(二)以四弘願來做功德
(三)以四攝法來做功德
(四)以六度行來做功德
(五)以八正道來做功德
(六)以七聖財來做功德

佛光會員應如何做功德

做功德不但能為自己儲積學道的資糧，也能為子孫培植福德的餘蔭，所以佛教徒以做功德為樂事。佛光會員應如何做功德呢？在此我謹貢獻六點建議給大家作為參考：

1.以十供養來做功德：對眾生的財、法二施供養，對三寶的身、口、意三業供養，對僧團的衣服、臥具、飲食、醫藥四事供養，對佛陀的香、花、燈、塗、果、茶、食、寶、珠、衣十物供養。佛光會員在日常生活中應綜合上列各類供養，以主動的招呼、和悅的笑容、親切的關懷、人格的尊重、真摯的慰問、困難的解決、熱忱的服務、信仰的法財、完善的設施、智慧的建議等十種方式來供養一切眾生，廣結十方善緣，圓滿道德人格，成就無上佛道。經云：「若欲識得佛境界，當淨其意如虛空。」又說：「心、田、事不同，功德分勝劣。」所有供養中，心香一瓣能盡虛空、遍法界，固然能獲致無量、無邊的功德，但是供養的對象、供養的方法也很重要，像一些人以金錢、房舍供養斂財的神棍，不僅毫無功德，甚且徒增社會亂象，我們不得不謹慎考量。

2.以四弘願來做功德：諸佛菩薩均以願力來籌集功德，成就佛道。例如：阿彌陀佛的四十八願、藥師如來的十二大願、釋迦文佛的五百大願、阿閦佛的二十大願、彌勒菩薩的十大善願、普賢菩薩的十大願、觀音菩薩的救苦大願、地藏菩薩的「地獄不空，誓不成佛」等等，或願於十方淨其國土，接引一切有情；或願於穢土成就佛道，度化剛強眾生。而這些隨順眾生意樂所發的偉大誓願稱為「別願」，都是以通願——「四弘誓願」作為藍本基礎。

所以佛光會員在人間行菩薩道，首應悉發「四弘誓願」，願以恆長的慈心、悲心、慧心、熱心，「普度無邊眾生」：願藉信仰、喜捨、忍辱、般若的力量，「斷除一切煩惱」：願從淡處、無處、疑處、拙處中力行「廣學無量法門」：願以自我觀照、自我更新、自我實踐、自我離相來「成就無上佛道」。

3.以四攝法來做功德：佛光會員在人我相處時，不妨以四攝法來做功德。所謂四攝法，就是喜捨、愛語、利行、同事。「喜捨」，顧名思義，就是必須先以一顆歡喜的心布施結緣，喜捨不限於金錢，舉凡微笑、點頭、建言、解困等等都能為別人拔苦與樂，為自己廣結善緣。「愛語」是世間上最美好的聲音，因為每一個人都需要別人的稱讚、鼓勵，愛語如同陽光，能溫暖心房：好比淨水，能撫慰傷痛，以愛語來做功德，可以拉近彼此之間的關係，培養良好的情誼。「利行」即盡己所能，利益他人，具體而言，就是實踐佛光人的四大工作信條——給人信心、給人歡喜、給人希望、給人方便，人都有趨利避惡的習性，能以利行來待人處世，必然處處受人歡迎。「同事」即設身處地為對方著想，針對他人的需要應機施教，是攝化眾生的最佳妙方。佛光會員把四攝法運用在群我關係上，將在無形中增加許多助緣，這就是功德！

4.以六度行來做功德：六度指布施、持戒、忍辱、精進、禪定、般若，是大乘菩薩六項修行德目。從表面上看來，「布施」金錢物質、佛法真理、信心希望、知識技能等等好像都是在給予別人，其實從布施中自己也擁有了無量的喜悅，贏得了珍貴的友誼，這就是經典所說的「施受不二」。以「持戒」規範身心，不侵犯他人的生命、財產、身體、名節、心靈，自己也因此獲致最大的自由。「忍辱」不是懦弱的表現，而是在培養自己擔當、智慧、能力、德行，所謂「小不忍，則亂大謀。」忍辱是成就一切事業的基礎。「精進」並非一味的盲進，而是在工作上，忠於職守，勤勞奮發；在學問上，鍥而不捨，努力鑽研；在修持上，除惡務盡，行善不斷；在生活上，善用時間，井然有序。「禪定」猶如止水見底，能澄清思慮，洞察萬象。禪定的功夫不一定要遁世避俗，閉關靜坐，像維摩大士、龐蘊居士一家便是參禪悟道於俗務之中；古來禪宗的祖師大德在作務勞動中打透禪關；宋代名儒周敦頤、朱熹、二程、陸九淵、王陽明等人在作學問中修禪有得；身居高位的裴休、楊億、張商英在官場中一面參禪學佛，一面運籌帷幄。故《淨名經》云：「塵勞之疇為如來種……譬如高原陸地，不生蓮花，卑濕污地乃生此花。」只要自己力量堅定，語默動靜，一切時中，無不是參禪修定的最好時機。「般若」由聞、思、修得，乃一切諸佛之母，最為重要，其與一般知識學問不同者，在於前者是內發的，後者是外求的；前者是純善的，後者則善惡不定，像科技文明造就了世界的進步，但也導致各種戰亂。佛光會員以六度行來做功德，能攝諸善法，圓滿人格。

5.以八正道來做功德：八正道，即正見、正思惟、正語、正業、正命、正精進、正念、正定。「正見」能如實看清宇宙人生的真相，「正思惟」與正法相應，能去除貪、瞋、愚痴。「正語」遠離妄語、兩舌、惡口、綺語等口過，能自利利他。「正業」乃嚴持戒律，不但不犯殺、盜、淫、妄、酒，還要積極從事慈悲喜捨等善行。「正命」以正當的方式謀生，以規律的生活作息，是家庭美滿、社會安定的要素。行「正精進」能勇於改過遷善。「正念」觀身不淨、觀受是苦、觀心無常、觀法無我，能少欲知足，趨入佛道。「正定」以禪定集中意志，統一精神。以八正道來做功德，能讓我們邁向康莊幸福的人生大道。

6.以七聖財來做功德：擁有財富是大家所希求的，但求財不一定得財，得財也不一定是好事，對於沒有智慧的人而言，金錢是毒蛇，只會帶來無窮的禍患。一個人想要富有唯有從內心著手，因為人類的欲望永無止境，一味向外追求財富，內心的貪瞋交相煎迫，失去人生的快樂，也是沒有意義，心中的財富才是豐裕無限的。佛教裡所謂的「七聖財」，指信財、戒財、慚財、愧財、聞財、施財、定慧財，此乃成就佛道的七種方法。我們佛光會員也有「七聖財」，就是歡喜、智慧、信仰、慈悲、慚愧、感恩、禪定。歡喜是善美的流露，智慧是無盡的寶藏，信仰是力量的泉源，慈悲是道德的根本，慚愧是莊嚴的衣冠，感恩是富足的表現，禪定是無限的自在，擁有這七種財寶就能擁有三千法界。

修行，不一定要誦經、拜佛才是修行；功德，不一定要出錢、出力才是功德。從待人接物中獲得啓示，從日常生活中有所體悟，也是一種功德。以十供養、四弘願、四攝法、六度行、八正道、七聖財來做功德如同撒播種子，種一得十，種十得百，我們應該趁自己還有能力的時候，及時播種，以待有成。

二〇〇四年十二月，國際佛光會響應南亞賑災，
發起物資捐贈活動。

佛光會員應如何廣結善緣

(一)用淨財歡喜結緣
(二)用語言功德結緣
(三)用利行服務結緣
(四)用技藝教育結緣

佛光會員應如何廣結善緣

人與人之間，靠著緣分在維持關係，人際關係就是一種因緣法，佛教常強調「未成佛道，先結人緣」，就是說想要學佛道，就要先與人結下善緣，甚至已學佛道，更要懂得廣結善緣。所謂「一佛出世，萬佛護持」，這就是廣結善緣的結果。緣，要靠自己去培植，怎樣和人廣結善緣呢？以下我提出四點意見供各位參考。

1.用淨財歡喜結緣：學道之人應學習以淨財和人結緣，亦即以正當的財物喜捨布施，布施時不在乎量的多少，重要的是在於布施時的心量、動機如何？所以最好是在不自苦、不自惱、不自悔、不為難的前提下歡喜的與人結緣。例如：供饑腸轆轆的人一碗飯；給口乾欲裂的人一杯茶；給心急如焚的人一些錢打緊急電話，甚至給貧病交加的人一些醫藥費；給年老無依、年幼失怙的人生活費、教育費……等等，都是以淨財與人結緣的好方法。這樣的布施也許付出不多，但對方卻能因你的布施而得到很大的助益，甚至改變一生的命運，因此以淨財布施實是廣結善緣最直接的方法。

歡喜的布施純屬精神上的結緣，例如：我以講說佛法給人歡喜，以順從擁護給人歡喜，以隨喜讚歎給人歡喜，以合掌微笑給人歡喜，以專心聆聽給人歡喜，以肯定忠誠給人歡喜，都是以「給人歡喜」和人結緣的好方法。所謂「相見都是有緣人，怎不滿腔歡喜？」財物有用完的時候，歡喜卻是永遠取之不盡，用之不竭的，但願我們善用這份人間的至寶與大眾結緣，同享「若為樂故施，後必得安樂」的究竟法喜。

2.用語言功德結緣：語言是人我之間的一道橋樑，適時適地的給予適當的語言，則能建立良好的人際關係。一般說來，肯定讚美的語言就像初春和煦的陽光，給人溫暖親切的感覺；關心鼓勵的語言則像久旱逢甘霖的大地，有了活力和生機。因此用愛語和人結緣，所搭建的是一座善緣的寶橋，平穩而通暢。反之，粗俗、謾罵、譭謗、狂妄、諷刺……的惡言，則如糞穢之器，讓人摒而棄之，甚至將毀掉一個人的前程，或身遭殺生之禍。所謂「一言足以傷天地之和」，用惡言與人來往所建立的，是一座危機四伏，損人又不利己的危橋。

「愛語如春風，惡言如穢器」，希望大家都能以如春風般的語言揚起眾生信心的風帆，以甘霖般的語言溫潤眾生乾涸的方寸，以陽光般的語言照破眾生的愛見無明，以淨水般的語言滌盡眾生的五欲塵勞。

何謂功德？《大乘義章》云：「言功德，功謂功能，善有資潤福利之功，故名為功；此功是其善行家德，名為功德。」舉例來說，修橋、鋪路、建寺、說法、捐血助人、捐贈器官、熱心功益、勸人為善……等等，即使是小小的功德，都能成為未來道業的資糧。像佛陀在因地時，割肉餵鷹、捨身飼虎、葬身魚腹、貧女一燈等等事蹟，就是最好的明證。《仁王護國經》云：「滿功德藏，住如來位。」《無量壽經》中也說：「具足功德藏，妙智無等倫。」以功德結緣，未來的福報妙不可言！

3.用利行服務結緣：利行，就是給予別人便利的行為。像協助朋友發展事業、拉拔失意同儕奮發振作、引導賭徒毒友回頭改過、提供失業青年就業機會等都是利行。

利行，除了是實物上、精神上的支持以外，還包括時間上和空間上提供協助，為人服務。像幫忙寫字、幫忙掃地、幫忙照顧小孩、幫忙提重物、為人開門、聽人訴苦、走路時禮讓行人、坐車時讓位給老幼婦孺、協助盲者過馬路、幫忙照顧小孩等等，也許只是舉手之勞，卻為人解決困難，也為自己帶來歡喜。俗語說：「人生以服務為目的。」「服務為快樂之本。」發心服務，自利利人，一舉兩得，何樂不為？

4.用技藝教育結緣：「萬貫家財，不如一技在身。」有了一技之長，不僅可以自娛自利，也能夠愉眾利他。譬如：擅長打字、電腦、會計、文書的人，除堅守崗位，服務大眾之外，還可以義務教導有心學習的人；擅長彈琴、插花、編織、繪畫的人，除舉行發表會展示才能之外，更可以傳授後人……，凡此必定能夠受人歡迎，廣結善緣。

教育是淨化人心最究竟的方法。如果我們能講說佛法、教人明理、導正民風、鼓勵勸慰，引導大家踏上正途，為家庭、社會、國家負起責任，貢獻所長……，必能使社會更加安和樂利，這些都是以教育與人結緣。

教育肩負著「百年樹人」的重責大任，從事文化教育是佛光會的宗旨之一，因此佛光會員均應盡己所能，以技藝廣結善緣，以教育廣結法緣。

「有緣千里來相會，無緣見面不相識」，大家應該珍惜這份同為佛光會員的善緣，並且用淨財歡喜、語言功德、利行服務、技藝教育與天下眾生共結善緣，祝福大家將來都能同登法界，共證菩提。

一九九七年星雲大師帶領佛光會員參加「慈悲愛心列車」運動

佛光會員要有六心

(一)佛光會員要有靈巧慧心
(二)佛光會員要有道念悲心
(三)佛光會員要有大志願心
(四)佛光會員要有愧意慚心
(五)佛光會員要有精進恆心
(六)佛光會員要有忠誠信心

佛光會員要有六心

經典中常教導我們要去妄證真，明心見性。《華嚴經》云：「統萬法唯一理，貫萬古為一心，心也者，萬德之源，眾妙之本。」真心，如同虛空一般廣大無邊，能夠涵容萬物，包併天地；真心，好比一座寶山，蘊藏無比豐富的資源，取之不盡，用之不竭。只要有心，鐵杵也能磨成繡花針，因此，學生讀書要求專心，做事工作要求用心，佛子行道要求發菩提心。佛光會員應該要有什麼心呢？

1.佛光會員要有靈巧慧心：佛教是覺悟之教，如果沒有靈巧慧心，就不能進入佛法之堂奧，當然也就無法斷惑證真。佛教講究般若自性，般若不是一般的世智辨聰，而是內心智慧、慈悲、潛能的開顯，所以唯有以內在的靈巧慧心，才能展現出我們本具的般若本性。

我們身為佛光會員，肩負利生濟世的神聖使命，因此必須具備「靈巧慧心」的先決條件，才能有效率地朝遠大目標邁進。為什麼呢？因為有了「靈巧慧心」，則能看清自己無量劫來積集的煩惱習氣，從而設法對治去除；有了「靈巧慧心」，則能隨時照顧關心別人的感受和需要，從而建立良好的人際關係；有了「靈巧慧心」，則能對佛法有深切的體悟，從而將世出世法融匯貫通，並且靈活地運用在生活上；有了「靈巧慧心」，則能洞察眾生的憂悲苦惱，而能平等無私地伸出援手。所以，佛光會員有了「靈巧慧心」，就能使佛光會成立的意義更加彰顯，使會員與會員之間、會員與眾生之間的關係更加和睦，使會務進行更加順利，使弘法利生的目標更加開展。

2.佛光會員要有道念悲心：佛教不同於一般知識學問、一般宗教，因為佛教重視道業上的信念及對眾生的悲心，所以一個想在佛門有所進步的人，必定要對自己選擇的道業有堅定的信念，不因外在環境而退失初發心。而使道念堅定不移的最好方法，則是培養對眾生的慈悲心，常行菩薩慈心利他之行，道念與悲心，兩者相輔相成，才能在漫長的佛道中不致退轉。反之，一個沒有道念悲心的人，必定流失於佛門之外。所以佛教常說，一個佛教徒可以沒有能力，但是不可以沒有道念悲心；四肢五官可以百般殘缺，但道念悲心不可以絲毫殘缺。因為道念是佛弟子修行的根本，而悲心乃佛弟子利行的原動力，也是發起菩提心的根本。

一個有道念的人是愛護團體、愛護常住、忠於師門、忠於佛教的，所以當他遇到譭謗、冤屈時，能超越過去；遇到困難、危險時，能直下承擔；當他違犯過失時，能勇於認錯；遇到挫折、阻難時，能堅持百忍……，總之，無論外境如何，他都能本著「因果不會辜負我」的道念，對佛教依舊護持奉獻，不遺餘力；對團體仍然忠誠發心，以眾為我。

一個有悲心的人，在消極方面，是寧可自己吃虧犧牲，也不去傷害侵犯他人；在積極方面，則是以六度四攝關愛一切眾生。所以道念悲心不只是理念上的了解，更是行動上的實踐。

如果各位會員都能秉持「但願眾生得離苦，不為自己求安樂」的悲心，在心甘情願、犧牲小我中，長養自己的道念；在無私奉獻、服務利行中，培養自己的德操，相信佛光會利生濟世的工作必定能夠恆久綿延，佛法真理也必定能夠永久住世。

3.佛光會員要有大志願心：儒家有言：「堯，何人也？舜，何人也？有為者亦若是。」儒者要成聖成賢，尚且要立大志願心，何況佛子從事弘法利生的重責大任，以成就無上正等正覺為目標，怎可不立大志願？所以有一句話說：「沒有自然的釋迦，沒有天生的彌勒。」此即意味著諸佛菩薩之所以成為諸佛菩薩，不是天生成就的，不是造物主賜予的，而是歷經百千萬劫修行而成，其間所遭遇的困難、阻礙不知多少，而之所以支撐其奮力不退的原動力，就是靠著大志願力。像阿彌陀佛在因地為法藏比丘時，因為發了四十八大願，願願皆為濟度眾生，所以後來成就莊嚴殊勝的極樂淨土；觀世音菩薩、地藏王菩薩等在因地時，也立下誓度無量眾生的大志願心，所以能成就道果。佛光會員應以諸佛菩薩的恢宏氣度為榜樣，發起大志願心，盡形壽跟隨佛光會弘法利生的腳步前進，常行四弘誓願，常發無上菩提心，如果大家都能如此，相信佛光會弘法利生的大業將更穩健、更圓滿。

4.佛光會員要有愧意慚心：學佛之人最怕的就是趾高氣揚，驕傲下人，因為這樣的人將不再力求上進；反之，一個有愧意慚心的人知道奮發圖強，肯力爭上游，所以慚愧是進德修業、敦品勵學的原動力，是人間最好的美德，是佛教入道要門。《大般涅槃經》云：「諸佛世尊，常說是言：有二白法能救眾生：一、慚，二、愧。慚者，自不作罪；愧者，不教他作。慚者，內自羞恥；愧者，發露向人。慚者，羞人；愧者，羞天。是名慚愧。無慚愧者，不名為人，名為畜生。有慚愧故，則能恭敬父母師長；有慚愧故，說有父母兄弟姊妹。」慚愧之重要性，可見一斑。

清末民初的蓮宗十三祖印光大師就常自謙為「常慚愧僧」，對於佛法未興，眾生未度，德業未淨，感到非常慚愧。祖師大德尚且如此，身為佛光會員如果能時時慚愧自己學問不夠，發心不夠，慈悲不夠，對父母的孝心不夠，對子女的教育不夠，對朋友的道義不夠，對社會國家盡力不夠，對佛教的護持不夠，對佛法的弘揚不夠，對眾生的參與不夠，對佛光會的奉獻、參與、支持、熱心不夠……，如果能時時如此慚愧，則何患佛光會會務不蒸蒸日上？何患眾生未能度盡？何患佛道無成？「卑為勝者所居，唯心能卑，並行使高。」願佛光會員皆應本此愧意慚心，奮發向前，勇猛精進。

5.佛光會員要有精進恆心：《佛遺教經》云：「若勤精進，則事無難者，是故汝等常勤精進，譬如細水常流，則能穿石；若行者之行，數數懈廢，譬如鑽火，未熱而息，雖欲得火，火難可得。」彌勒菩薩在因地時，發心向道雖比釋迦牟尼佛早，可是成佛卻晚了九劫，主要是因為釋迦牟尼佛比較精進。「龜兔賽跑」的寓言中，動作慢的烏龜反而先馳得點，贏得勝利，也是由於烏龜的精進恆心遠過於兔子。所以，世出世間，任何一個人想要成功立業，必先具有精進恆心；佛光會員要深入佛法，濟世度眾，也必須具備精進恆心。唯有精進恆心，才不會遇難則止，退失道心，才不會自暴自棄，因循懈怠。

中國佛經四大翻譯家之一的玄奘大師西行取法時，因有「寧向西天一步死，不回東土一步生」的精進恆心，才能學成歸國，攜回經典，不但利人無數，也使中國佛教得以輝煌燦爛；又佛陀六年苦行，若沒有精進恆心，怎會成就佛道？六祖惠能大師臼米八月，若沒有精進恆心，何能大徹大悟？而菩薩化度有情，亦須經三大阿僧祇劫，若無精進恆心，堪忍一切，積集無量福德，如何成就等覺？所以，佛光會員應將菩薩披精進甲、著忍辱鎧的精神，應用在佛光會上，勉勵自己辦會務時要有精進恆心，參與活動時要有精進恆心，慈悲喜捨要有精進恆心，服務犧牲要有精進恆心，斷惡行善要有精進恆心……，能如此則事業堪就，佛道堪成。

6.佛光會員要有忠誠信心：國父曾說：「信仰是一種力量。」又說：「宗教是人類心理的柺杖。」把這兩句話合起來闡述，即是：一個人若能對其信仰的宗教忠誠不二、信心具足，則能產生出很大的力量來克服種種障礙，得到心靈的依靠。佛光會員都是抱著對佛法的信仰而參加佛光會，投入服務大眾的行列，如果大家都能抱著忠誠信心，在佛教裡定能有所成就。因為有了忠誠信心，便能打從內心產生一股很大的力量，能夠耐苦、耐煩、耐無、耐氣、耐利衰榮辱、耐毀譽稱譏。此外，一個有忠誠信心的人，必定品德高尚，為人尊敬，因此外在的力量也就增大了。佛教的十大弟子跟隨佛陀四處弘法，就是靠著一腔忠誠信心；孔門七十二賢跟隨孔子，也是憑著一股忠誠信心；古今中外的英雄豪傑、沙場名將報效國家，也是憑著一股忠誠信心；過去以來的佛門倫理更是靠著忠誠信心來維繫。所以忠誠信心是做人之本、處事之基、成功之力，在團體中，不要計較得失，不要嫉妒排他，只要自己堅秉忠誠信心，何慮不能得道多助，自他二利！

最後再度呼籲各位佛光會員要有靈巧慧心、道念悲心、大志願心、愧意慚心、精進恆心、忠誠信心！大家能發此六心，必能使個人道業大為增長，佛光會務進展迅速。

二○○二年三月佛指舍利來台，於三峽金光明寺
舉辦兒童成年禮。

佛光會員應如何教育子女

㈠養成信受的教育
㈡養成禮貌的習慣
㈢養成護生的觀念
㈣養成勤勞的本質
㈤養成感恩的美德
㈥養成佛法的認知
㈦養成合群的性格
㈧養成信仰的情操

佛光會員應如何教育子女

國際佛光會的會員以在家信眾為主，生活上均以家庭為重，現代父母最關心的問題莫過於如何教育子女。所以今天我特地對於子女的教育問題提出八點意見，供大家參考：

1. 養成信受的教育：父母對於子女的教育不在言多，而重身教；不在訓示，而在開導，一切的教育都必須先讓子女懂得「信受」。不信受，如同「天降甘露，不滋潤禾苗，禾苗不能成長」；又好比將淨水灌入缺角、染污、倒置的器皿，無論水量多寡，總是徒勞無功。

每部佛經均以「如是我聞」開頭，以「信受奉行」結束，這是說明「信受」的重要性。子女們若能從小懂得以謙下心、清淨心接受善言，奮發向上，才能漸有所成；懂得以慚愧心、懺悔心接受指責，改過遷善，才能日有所進；懂得以忍辱心、平常心接受挫折，不怨天，不尤人，才能平心靜氣，度過難關；懂得以包容心、諒解心接受別人，不比較，不計較，才能心胸寬闊，廣結善緣。

2.養成禮貌的習慣：人我相處之道在彼此恭敬禮讓，所以古聖先賢非常注重恭敬的修持，經云：「佛法在恭敬中求」、「端正從恭敬中來」。在原始佛教的《阿含經》中，許多章節都載有佛陀教導父子、夫婦、朋友、上下之間互相禮敬相處的方法，後世的祖師大德們訂有許多禮儀清規，為的就是要規範倫理，健全僧團。而周公制禮作樂，維繫倫常，國祚因而綿長穩固；後來，「禮崩樂壞」，國勢頹唐，四分五裂的結果，形成春秋時代互相爭霸、生靈塗炭的局面，孔子因而大力提倡禮義的教化功能，主張：「一日克己復禮，天下歸仁焉。」嘗謂：「其為人也孝悌，而好犯上者，鮮矣；不好犯上，而好作亂者，未之有也。」的確，一個人如果能孝順父母，兄友弟恭，親愛朋友，尊重師長，就不會作奸犯科，倒行逆施。所以，我們想要子女們將來擁有健全的道德觀念，良好的社會關係，必須從小養成他們禮貌的習慣。

3.養成護生的觀念：現在的社會之所以暴戾之氣囂張，就是因為人們沒有從心裡建立起尊重生命的觀念。我們常看到一些青少年以虐待動物為樂，甚至作父母的還帶著子女們去釣蝦、鉎魚、吃海鮮、獵動物。由於他們從小不知道生命的可貴，所以長大以後，自然好勇鬥狠，殘殺成性，不但造成社會亂相，也為自己招來無邊禍患。

經云：「一切皆懼死，莫不畏杖痛，恕己可為譬，勿殺切行杖。能常安羣生，不加諸楚毒，現世不逢害，後世常安穩。」父母愛護子女，應該告訴他們眾生一體，易地而處的觀念，培養他們仁慈護生的美德，崇尚和平的性格。

4.養成勤勞的本質：貪逸惡勞是人類的通病，由於貪逸，造成精神散漫，做事就不容易成功；由於惡勞，所以希求近利、求速成，遇到挫折困難就退縮不前，結果一事無成。所謂：「勤有功，嬉無益。」歷史上許多偉人都是白手起家，精進有成。世間上沒有不勞而獲的事情，好吃懶做的人即使萬貫家財也會敗壞殆盡。所以，教育子女必須讓他們從小養成勤於勞動、勤於學習、勤於思考、勤於做人的本質。

機器不動就會生銹，池水不流就會生蟲；懂得奮發向上、服務大眾的人，必定能夠突破一切險阻，開創遠大的未來。子女們努力勤勞，知道如何安排自己的生活，才是父母最大的成就。

5.養成感恩的美德：「人生不如意事十常八九。」怨天尤人，不但於事無補，反而起惑造業，空費光陰。我們如果能擁有事事感恩的美德，對人生常懷希望，對社會常思報答，就不容易被一時的挫敗所打倒。佛門裡有一句話說：「吃現成飯當知來處不易。」想想眼前的一粥一縷、一磚一瓦是經過多少人工的辛勤、多少血汗的結晶累積而成，我們應該心存感念。除了父母養育劬勞、師長諄諄教誨、大眾供給日用、國家覆護色身的恩惠之外，還有太陽供我光明，空氣供我呼吸，雨水供我洗滌，花草樹木供我欣賞，鳶飛魚躍為我良伴。我們應該時感慚愧，自己何功何德，而能領受宇宙世間的種種供給？一個人若能經常懷抱感恩的心情看待整個世界，必定覺得自己很富有，世間很可愛，不但沒有資格自暴自棄，無所事事，還會加倍勤奮努力，奉獻社會大眾，將快樂喜悅分享給別人。所以想要兒女擁有快樂通達的人生觀，在社會永遠立於不敗之地，就必須養成他們感恩的美德。

6.養成佛法的認知：「學佛的孩子不會變壞。」因為佛法不但是世間的真理，也是做人的根本，例如：懂得因果業報原理的人，不但不會為非作歹，甚至會積極行善；懂得持守五戒十善的人，不但不會侵犯他人，甚至會喜捨布施；懂得以四攝法結交朋友的人，必定人緣很好；懂得以六度行應世接物的人，必定事業有成；懂得以四無量心利他無我的人，必定身心健康愉快；懂得以禪淨中道安排生活的人，必定過得幸福美滿。所以身為父母者，應該讓子女在心田裡種下菩提種子，讓他們從小就懂得愛惜自己的福德因緣，開發自己心裡的能源寶藏，從而負起人生應有的責任，完成圓滿的道德人格。

7.養成合群的性格：性情古怪的人不但人際關係不好，而且偏激易怒，悲觀消極，這些都與成長的境遇有著密切的關係，所以為人父母者應該時時注意子女的心態，最重要的，就是在平日培養他們合群的性格。

佛經中說的五種非人：「應笑而不笑，應喜而不喜，應慈而不慈，聞惡而不改，聞善而不樂。」可說一語道盡性格異常的現象。怎樣才算是性格正常的人呢？一個性格正常的人，首先，應該隨緣合眾，即使自己一無所有，無法幫助別人，也要隨心歡喜，隨口讚歎；其次，應該慈悲應世，隨時隨地，盡己所能，為人拔苦與樂；第三，應該聞過能改，懂得認錯回頭，改往修來，才能百尺竿頭，更進一步；第四、應該與人為善，互助合作，團結一致，共成美事。父母應該以各種方式善誘子女養成合群的性格，好讓他們將來都能立足社會，與人共事。

8.養成信仰的情操：人從呱呱墜地的那一刻起，先是需要衣、食、住、行來給予溫飽，然而隨著年齡的成長，一旦基本的欲望滿足之後，就會想要去尋求解除煩惱，離苦得樂的方法，尤其在接觸五花八門的社會之後，身心常感茫然，如果這時能擁有正確的信仰，就能幫助我們度過種種風風雨雨、毀譽得失。佛教信仰的對象——佛陀，不但具有歷史的真實性，而且道德高尚，戒行清淨，智慧圓滿；佛教信仰的內容，主要在教人探索內心的寶藏，追尋大我的人生，擴大無限的心胸，實現自我的價值，這些不但能讓我們在現實生活中安身立命，解脫煩憂，更能讓我們開展無邊的眼界，得到究竟的喜悅。所以，各位身為佛光會員的父母們，將財富傳給子女不一定能讓他們得到幸福，信仰的情操才能讓他們受用無窮。希望大家經常帶子女們前來聽經聞法，參加佛光會的活動，讓他們在無形中得受法益。所謂「千年暗室，一燈自明」、「燈燈相傳，分燈無盡」，將佛法信仰的明燈流傳下去，照亮自他，才是最珍貴的傳家之寶。

總之，父母們不要只偏重子女們知識技能的獲得，最重要的，是要照顧到他們身心的健康，養成他們信受的教育、禮貌的習慣、護生的觀念、勤勞的本質、感恩的美德、佛法的認知、合群的性格、信仰的情操，讓他們將來都能走在康莊的大道上，享受幸福美滿的人生。

二〇〇二年第六期檀講師講習會

檀講師應具備的條件

(一)正知正見
(二)信戒定慧
(三)因緣果報
(四)團體觀念
(五)慈悲和淨
(六)功德清望

(七)權巧方便
(八)口才敏捷
(九)態度莊重
(十)音調誠懇
(十一)五戒俱全
(十二)家庭美滿

檀講師應具備的條件

隨著佛教發展的國際化，僅憑少數的出家僧眾在世界弘法已不敷所需，而在家信眾中不乏學養豐富之士，所以佛光會成立「檀講師」制度，鼓勵在家居士與出家僧眾一起擔負弘揚佛法的神聖使命。現在讓我來說明檀講師應具備的條件有哪些？

1.正知正見：檀講師除了對三寶必須虔誠敬信之外，對佛法尤其要有正知正見的認識。一個人如果缺乏正知正見，就好像一艘沒有掌舵的船，航行在茫茫大海之中，不但不知何去何從，而且有覆舟滅頂之虞。佛教的八正道將正見放在第一，其重要性可見一斑。如果沒有正知正見，一切的佛法都是偏執。何謂正知正見？懂得明因識果是正知正見，了解業報緣起是正知正見，分辨善惡是非是正知正見，明白佛道永恆是正知正見。檀講師能擁有正確的觀念，堅定的信仰，才能帶領大家航向光明美滿的人生，到達解脫安樂的彼岸。

2.信戒定慧：信，是我們對佛教要有正確的信心，也就是必須具備四不壞信：對教主佛陀，我們要有堅定的信念；對佛陀的教法，我們要信受奉行；對教團，要信守不渝；對佛光會，要肯定忠誠；尤其在學佛修行的道路上，不論遇到任何困難挫折，我們都不能改變信心道念。《華嚴經》云：「信為道元功德母，增長一切諸善根。」記得過去佛光山製作了一個電視節目叫「信心門」，頗受社會大眾好評，主要就是因為它的內容能鼓舞大眾對生命的信心與勇氣。因此只要有信心，無論遇到任何異說紛紜，任何邪見顛倒，我們都能勇於克服，無堅不摧。

戒，有五戒、六法戒、八關齋戒、十善戒、菩薩戒……等，所有戒律都能規範我們的身心。經典中常以譬喻來說明「戒」的重要性，例如：戒如良師，能指導我們清淨三業；戒如良軌，能指引正路；戒如城池，能保護我們的法身慧命；戒如水囊，能解除熱惱，讓我們獲得清涼；戒如明燈，能照破無明，找回般若自性……。所以，戒是我們做人的基礎，是一切善法的初基，是法身慧命之所依。因此，我們要嚴守戒律。

除了經典中的戒條以外，像佛光人的工作信條「給人信心，給人歡喜，給人希望，給人方便」，以及佛光會的宗旨、理念、精神、目標、方向……等等，都能引導我們提升人格，增進品德，大家也應該將其奉若戒律，確實遵循。所以，檀講師對於佛光會的章程、辦法必須多加研讀，以便宣導發揚。

定，不一定指參禪打坐、冥想入定或誦經念佛、三昧現前，其實，攝心保持正念，清清楚楚知道自己的心思舉止，也是一種定的功用。能夠守定，就可以在日常生活中產生力量，使我們在面對各種境界時，都能以靜制動，掌握勝算，因為有了定力之後，自然智慧澄明，燭照萬法。

慧，意指洞悉真理，明白道理。與世智辯聰不同，所以直譯為「般若」。佛教與一般宗教之所以不同，也在於佛教除了慈愍萬物、信仰堅定之外，還特別重視追求智慧，以期斷除煩惱，究竟解脫。大乘菩薩道以般若智慧為上首，經云：「般若為智慧之母。」三世諸佛皆因證得無漏智慧而成無上正等正覺，所以，「慧」在佛教裡占有相當重要的地位。世親菩薩說：「有信無智，增長愚痴。」檀講師負有弘揚佛法的重責大任，必須加倍勤習佛法，增長智慧，才能引導眾生照破無明痴暗，邁向菩提大道。

3.因緣果報：在這世間，任何事物都有賴因緣成就，沒有因緣，就沒有結果。好比種子撒在田裡，沒有水分、陽光、空氣、肥料，如何能開花結果？佛教之所以和其他宗教不同，是因為其他宗教都將一切歸之於神所創造，而佛教卻主張一切都是因緣所成，非一人一事所為。所以，佛光會一再強調廣結善緣的重要性。

因緣果報是絲毫不爽的，世界上沒有不勞而獲的成就，也沒有不造而受的惡報，所謂「善惡到頭終有報，只爭來早與來遲。」因果報應不僅十分公平，也給人生莫大的希望，如果要社會安和樂利，必須人人都有因果觀念，因為具有因果觀念，自己就是警察、法官，因果就是自己的法律準則。

經云：「已未作，教他作，無有是處。」身為檀講師更要以身作則，明因識果，廣結善緣，才能讓大家心悅誠服，同入佛道。

4.團體觀念：俗謂：「團結就是力量。」佛光會是一個和樂清淨的教團，我們的理念是集體創作，並不標榜個人成就。佛教傳到中國二千多年來，只有在隋唐時代鼎盛非凡，主要原因是由於佛教多不發心入世，只想一個人獨善其身，做自了漢，在各行其事的情況下，弘法的力量逐漸分散，即使少數有心人士想要力圖挽救，終因力量薄弱而告失敗，所以我認為佛光會想要做利世度眾的大事業，必得大家團結起來，集中力量。

所謂「獨木不成林」，沙石、水泥等混和起來，才能將房子建好，也唯其如此，沙石、水泥才有存在的意義，所以沒有團體，處處孤掌難鳴，沒有團體，不但難以成就大事，連自我都無法實現。檀講師弘法利生，更必須要有團體觀念，因為唯有透過大我的各種資源，小我的理想才得以發揮；唯有在大我之中克盡厥責，才能充分展現自己的天賦。

5.慈悲和淨：一個人寧可沒有智慧，沒有能力，但是不能沒有慈悲，觀世音菩薩於無量劫前早已成佛，號正法明如來，但因悲愍眾生，迴入娑婆，尋聲救苦；文殊菩薩過去是龍種上尊王佛，為七佛之師，諸佛之母，但他志在行菩薩道，利樂眾生。菩薩的種種懿行在在都是實踐「悲不住寂滅」的最佳榜樣，可見發菩提心，廣度有情者，都是以「慈悲」為本的，檀講師有了這個根本，才能發無我心，勇猛精進，說法無畏。

和，是處世最佳良方。世間上有所謂「以和為貴」、「家和萬事興」，在佛教的團體裡所講求的「六和僧團」，除了注重和合無諍之外，更強調清淨無染。經云：「佛法無量義，一以淨為本。」唯有清淨三業，才能維繫人我之間的良好關係，才能在菩提道上彼此提攜，互相砥礪。檀講師是所有佛光會員的表率，更應該謹守和淨原則，在道業、學業、事業上有所成就。

6.功德清望：《勝鬘經》云：「惡盡曰功，善滿稱德。又德者，得也：

修功所得，故名功德。」一個人既然惡已滅盡，善又圓滿，必定悲智雙運，說法圓融，德高望重，人所稱服。所以想做檀講師，必定要有功德清望。

如何能得到功德清望呢？護持三寶，不遺餘力；與人相處，尊重包容；日日行善，去偽存真；喜捨服務，為眾謀福……等，都能使我們積功進德，眾望所歸。

7.權巧方便：佛陀為解決眾生的苦惱，敷設八萬四千法門，並依眾生根機，將佛法分為人、天、聲聞、緣覺、菩薩等五乘，各別施教，其目的乃是為了觀機逗教，不捨一人。其後祖師大德們又依佛陀的教義，著書立說，弘法不輟，也是為了要攝化不同根器的眾生。因此，今日佛光會的檀講師，對於古聖先賢至高至善的真理，也必須運用權巧智慧，以契理契機的方式，弘法度眾。《楞嚴經》中說：「方便有多門，歸源無二路。」佛經裡有時談空說有，有時論相說性，其實有無本是一體，性相亦非二物，此外，佛陀的四攝六度、五戒十善等法門，也是弘法利生的權巧方便，如何運用千差萬別的各種法門，使一切有情同歸真理之門，這是我們佛光會檀講師應努力進取的目標！

8.口才敏捷：《維摩經》云：「佛以一音演說法，眾生隨類各得解。」可見舌燦蓮華、說法三昧的能力，透過語言文字的傳達，才能吸引人注意，進而度化有情。今日的社會也力倡講演、說話的藝術，以求達到人我之間的良好溝通。因此具有博徵旁引、觸類旁通的辯才，不僅能顯示檀講師豐富的佛學造詣，更能隨時隨地弘法布教。所以，要成為檀講師，必須博覽羣經，思惟法義，依教奉行，以充實自己的佛學素養。此外，檀講師若能懂得多種語言，並且富有幽默感，就更能善說無礙，廣受歡迎。總之，想要作一個口才敏捷的檀講師，必須要廣為學習，勤自訓練。

9.態度莊重：儀態的高雅代表一個人的品格與內涵，佛教尤重儀態的莊重，所謂的「三千威儀，八萬細行」，是佛陀在因地累劫修行時身心端正所累積的果報。有一首偈語最足以說明佛門對威儀的要求：

「學佛音聲慢流水，誦經行道雁行遊；
合掌當胸如捧水，立身頂上如安油；
瞻前顧後輕移步，左右迴旋半展眸；
威儀動靜常如此，不愧佛門作禪僧。」

姑不論我們應如何講經度眾，具足威儀本身就是一種無言的說法，像舍利弗就是因為震懾於佛陀的弟子馬勝比丘的莊嚴行儀，而帶領眾弟子投皈佛陀座下。語云：「身教重於言教。」儒家也說：「君子不重則不威。」檀講師想要布施法財，必須先培養端莊的態度、穩重的行儀。

10.音調誠懇：待人接物，必須付出自己一片真摯的心意，對方才會喜於納受；講經說法也必須音調誠懇，才能引起大眾的共鳴。除此之外，默默行注目禮，也是重視對方的親切表現，而講話的速度保持不急不促、不徐不緩，聲調有高低起伏，委婉曲折，內容鋪排嚴密，高潮迭起等等，都能讓聽眾感同身受，法喜充滿。

11.五戒俱全：戒律是佛陀為了調伏弟子身心所制訂的種種規矩，其基本精神在於不侵犯他人，其中，「五戒」是做人最基本的道德標準，因為不殺生，就是對別人的生命不侵犯；不偷盜，就是對別人的財產不侵犯；不邪淫，就是對別人的名節不侵犯；不妄語，就是對別人的名譽不侵犯；不飲酒，就是不吸食迷智的毒品、酒精等，所以是對自己的理智不傷害，進而不會侵犯他人。監獄裡的犯人都是犯了五戒才被判罪坐監。因此持守戒律能免除身心的恐怖憂惱，進而得到自由、平安、喜樂、尊嚴。

凡是佛光會的檀講師必定要做到五戒俱全，否則人道有虧，又如何能指引他人邁向快樂的人生？

12.家庭美滿：擁有美滿家庭的人，必定身心健全，生活幸福，因此一個美滿的家庭就是人間淨土的雛形。佛光會以創建人間淨土為最終目的，身為本會的檀講師弘揚人間淨土法門，其首要條件當然就是自己要先建立一個幸福美滿的家庭。齊家之道無他，除了以佛法來照顧家庭成員，讓他們得到愛護溫暖之外，最好邀請全家人前來參加佛光會的活動，研習佛光會的課程，讓父母兄弟、夫妻子女都能在同一個佛教信仰之下，成為菩提眷屬。

檀講師應具備十二個條件：正知正見、信戒定慧、因緣果報、團體觀念、慈悲和淨、功德清望、權巧方便、口才敏捷、態度莊重、音調誠懇、五戒俱全、家庭美滿。

檀講師制度的建立有助於提升信眾信仰的層次，在佛教史上是革命性的創舉，對未來佛教的發展相信會有很大的助益。我期許大家能把握難遭難遇的機會，努力當個檀講師，本著佛教慈悲、智慧的特質，發心立願，誓為佛法的弘傳而奉獻心力，讓我們一起攜手共創佛教的新紀元！

國家圖書館出版品預行編目資料

佛光與教團. 佛光篇 / 星雲大師著. -- 初版
--臺北市 : 香海文化, 2005 [民94]
面 ; 公分. --（人間佛教叢書）
（人間佛教系列；1）
ISBN 986-7384-29-6（精裝）
1. 佛教 — 弘法
225.5

94024918

人間佛教叢書

人間佛教系列1——佛光與教團 佛光篇

作者／星雲大師
發行人／慈容法師（吳素眞）
主編／佛光山法堂書記室、香海文化編輯部
責任編輯／蔡孟樺
封面及篇頁設計／釋妙謙
美術編輯／辰皓國際出版製作有限公司
圖片提供／國際佛光會、電視中心
校稿／佛光山法堂書記室、香海文化編輯部

出版・發行／香海文化事業有限公司
地址／110 台北市信義區松隆路327號9樓
電話／(02) 2748-3302　傳眞／(02) 2760-5594
郵撥帳號／19110467 香海文化事業有限公司
網址：http://www.gandha.com.tw
e-mail：gandha@ms34.hinet.net

總經銷／時報文化出版企業股份有限公司
地址／235 台北縣中和市連城路134巷16號
電話／(02)2306-6842
法律顧問／舒建中、毛英富
登記證／局版北市業字第1107號

全套定價／3000元整　單本定價／300元整
ISBN／986-7384-29-6
2006年1月初版一刷　2009年9月初版二刷